北京市社会科学理论著作出版基金资助

汉语动词同义度
分析方法与等级划分

付 娜 著

图书在版编目 (CIP) 数据

汉语动词同义度分析方法与等级划分 / 付娜著 . —北京：北京大学出版社，2015.1
ISBN 978-7-301-25335-9

Ⅰ.①汉… Ⅱ.①付… Ⅲ.①汉语–动词–研究 Ⅳ.①H146.2

中国版本图书馆 CIP 数据核字 (2015) 第 003829 号

书　　名	汉语动词同义度分析方法与等级划分
著作责任者	付　娜　著
责 任 编 辑	欧慧英
标 准 书 号	ISBN 978-7-301-25335-9
出版发行	北京大学出版社
地　　址	北京市海淀区成府路 205 号　100871
网　　址	http://www.pup.cn　　新浪微博：@北京大学出版社
电子信箱	zpup@pup.cn
电　　话	邮购部 62752015　发行部 62750672　编辑部 62752028
印 刷 者	三河市博文印刷有限公司
经 销 者	新华书店
	650 毫米 ×980 毫米　16 开本　13.75 印张　239 千字
	2015 年 1 月第 1 版　2015 年 1 月第 1 次印刷
定　　价	38.00 元

未经许可，不得以任何方式复制或抄袭本书之部分或全部内容。
版权所有，侵权必究
举报电话：010-62752024　电子信箱：fd@pup.pku.edu.cn
图书如有印装质量问题，请与出版部联系，电话：010-62756370

本书得到教育部人文社会科学研究青年基金项目"汉语同义动词同义关系远近的分析方法与等级划分"（项目编号：14YJC740023）资助，谨致谢忱。

序

词语的语义聚合关系多种多样,其中最受古今学者关注的当属同义关系。我国先秦典籍中已有不少用同义词解释词语的实例,如"復,反也"(《易·杂卦》)、"震,动也"(《谷梁传·文公九年》);战国末年出现的《尔雅》多用一个常用词训释数个同义词,创发了雅类辞书的"同训"之法。这些都表明古代学者对词语的同义关系已有充分的认知。在现代词汇语义学著作中,同义词/同义关系通常都被置于多种词语类聚/语义关系的首位,有关同义词性质、类别、判定方法及辨析方法的探讨不断深入。然而,作为词汇语义学的重要课题,同义词的研究远未终结,付娜博士的《汉语动词同义度分析方法与等级划分》就提出了一个新的问题——如何衡量同义词语义关系的远近?

以往研究已经认识到同义词的意义有远近之分,所谓"等义词、近义词"或"绝对同义词、相对同义词"就是基于意义相同相近的程度划分出来的同义词次类。那么,什么是意义完全相同的"等义词",什么是意义有细微差别的"近义词",学者们通常都是举例说明的,并没有提出一个统一的分析标准;至于近义词的语义差别有无大小之分,更是避而不谈的。针对这一研究空缺,付娜的博士学位论文(2011)对汉语动词同义等级进行了专题研究,其主要建树在于两个方面:1)基于框架语义学方法创建了一套具有可操作性的同义动词语义差异的分析程序和模式,即,首先通过观察语料确定同义词所激活的框架及其框架元素;然后对比框架异同,对于激活相同框架的词语,进一步对比其框架元素的语义范围、例显与否、语义类比重、语义特征比重等;最后,根据框架和框架元素的差异大小,判断同义动词语义关系的远近。2)在词语同义关系远近两分法的基础上,把近义词细化为三个等级——低度义近、中度义近和高度义近;摒弃了"意义完全相同""意义有细微差别"之类笼统模糊的语义标准,也不简单地以"可否替换"作为鉴别手段,而是对不同等级同义词的语义及用法差异的类型和特点做出全面而明晰的界定。

我个人认为,付娜所创建的动词同义度分析范式是很有价值的,不仅能有效地考量同义动词的语义差异大小或关系远近，还可用于以下几个方面：1）对比分析汉外对应词的词义和用法异同；2）考察类义词、反义词在语义或用法上的对应性；3）弥补以往提出的"替换法""义素分析法"和"同形结合法"等方法的不足，使同义词判定不再是一个聚讼不已的难题；4）为语文辞书能否使用单一释词对释、同义词典可以收录哪些词对或词群、从哪些方面进行词语辨析等提供参考依据。

付娜为什么会选取动词同义度分析方法与等级划分作为研究课题呢？一来可能与她在硕士阶段的研究积累有关，她硕士学位论文做的是《"开合类"单音动词与受事名词的搭配研究》，涉及"开、张"和"关、闭、合"两组同义词的搭配对比和两个反义词聚的搭配对比，通过这个课题，使她对同义词的搭配差异及其影响因素有了较为深切的认识。另一个更为重要的原因恐怕是，付娜对理论和方法研究有着强烈的追求和偏好。不论是对具体语言现象的描写分析，还是课题组的词语辨析工作，甚至是一门课程的教学，付娜都力求从中提炼出科学的方法或原则，从她已经发表的几篇论文的题目中不难看出这种研究旨趣：《外向型汉语学习词典配例中搭配信息的呈现原则及实现条件》（《辞书研究》2010年第5期），《易混淆词辨析中的构组原则及其实施方案》（《华文教学与研究》2010年第4期），《汉语国际教育专业语言学概论的教学要则》（《北京教育学院学报》2014年第1期）。付娜先后为自己基于硕士学位论文修改而成的论文拟了两个题目，一是《词语搭配的语义分析法——以"开合类"单音动词与受事名词的搭配分析为例》，一是《词语搭配描写程序及搭配词分析方法》，我都觉得不妥，我跟她说，你只考察了5个动词的搭配，不能做这么大的题目。后来她改为《动名搭配中名词语义特点的多层面分析》，发表于《宁夏大学学报》2010年第6期。虽然我曾对付娜的"方法偏好"有所抑制，但内心特别欣赏她精思深悟、志存高远的禀赋，只是希望她能多做一些具体的词义分析，提升词义分析的能力，为词汇语义学理论方法研究打下坚实的基础。

付娜没有辜负我的希望，她在攻读博士学位期间更加用功，除了研读大量词汇语义学文献，她投入了很多精力承担课题组的词语辨析工作，使用Excel等软件处理语料的技术更加娴熟，多次给课题组成员辅导如何将Word文本转换成Excel表格，怎样筛选出有用语料、排除无关语料，如何进行数据统计分析等等。在博士学位论文中，付娜精细地对比分析了150个同义动词，语料工作非常扎实，使她的动词同义度分析框架较为细密，具有较高的普适性。毕业后，付娜在繁重的教学工作之余不懈地思考研究，对博士论文进行修改，使这部书稿得到评审专家的认可，获得北京市社会科学理论著作出版基金资助，得以在北京大学出版社出版，真是可喜可贺。最令我感到高兴的是，付娜蒙程荣先生、江蓝生先生、谭景春先生、韩敬体先生、晁继周先生等多位词典学家的关怀提携，有幸从高校调入中国社会科学院语言研究所词典编辑室工作。别人将编词典视为苦役，付娜则乐在其中。我理解她，羡慕她，相信她在这个专家云集的团队中，在众多大师的教诲和指导下，一定会取得新的更大的成就。

张 博

2014年12月21日

前　言

　　同义词是词汇学持续关注的重要问题。数量庞大的同义词，同义度并不一致，有的意义相近的程度高，有的意义相近的程度低。同义度是同义词研究的新课题，目前词汇学界对此问题未予充分关注。本书借鉴框架语义学的词语分析方法，以《现代汉语词典》（第6版）中的被释词与其单一释词构成的同义动词为研究对象，对同义度进行系统研究，提出适用于分析动词同义度的方法与程序，将同义度划分为三个等级，为汉语动词同义度研究提供了新模式。本书的主要内容和结论是：

　　1. 同义度的分析方法和程序

　　考察现有的多种重要的词义分析方法，发现框架语义学的词语分析方法基本符合理想的同义度分析方法应有的特点，即：（1）适用范围广，能适用于绝大多数动词而不限于具有一定特点的部分动词；（2）可操作性强，具有较为固定的操作程序，不主要基于研究者个人的语感；（3）获取的理性意义全面，能对词语全部的理性意义进行分析而非仅获取部分意义特征。

　　本书基于框架语义学方法分析同义度，首先以语料为基础确定同义词所激活的框架及其框架元素；然后对比框架异同，对于激活相同框架的词语，进一步对比框架元素；最后，根据框架和框架元素的差异大小，判断动词同义度。

　　2. 同义度的等级划分

　　根据框架和框架元素的差异，本书将动词的同义度按照由低到高的顺序划分为低度义近、中度义近和高度义近三个等级。具体而言：框架不是全同关系，或框架是全同关系但框架元素的语义范围、例显与否有异的同义词，其语义范围、适用范围、意义成分的多少有异，属低度义近。框架是全同关系，框架元素的语义范围和例显与否均无异，而框架元素的语义类比重、语义特征、语义关系三个方面中任何一个方面或几个方面有异的同义词，其动作义相同，语义侧重点或所含的意味略有差异，属中度义近。框架是全同关系，框架元素的上述方面均无异，即使框架元素的配用句式、例显比重或感性意义、比喻用法等方面有异，也不会影响同义词的理性意义，这样的同义词属高度义近。

3. 各等级同义词的差异类型和特点

同义词在框架和框架元素上往往不只有一个方面的差异，根据同义词在哪几个方面有差异，可以把三个等级的同义词分为不同的类型，但各等级的同义词又表现出一定的倾向性。低度义近的同义词，多为框架元素的语义范围大小不同。中度义近的同义词，多为框架元素语义类比重有异。高度义近的同义词，主要是感性意义和用法有异。

4. 同义度的研究价值

基于对同义度的研究，我们对同义词有了新的看法。从整个词汇系统来看，词义相近性应是一个连续体。从同义词、近义词到非近义词，词义相近程度逐渐降低。同义词是词义相近性连续体上的一部分。另外，语文词典单一释词对释式的使用和同义词的同义度密切相关。高度义近的同义词理性意义几无差异，可以而且应当以一词释另一词。中度义近的同义词间虽有差异，但较细微，鉴于语文词典不能做词语辨析，也可以用一词释另一词。低度义近的同义词差异明显，不宜用一词释另一词，但对框架元素语义类型不够简明的词语，也可以使用单一释词对释式。

本书是在博士学位论文的基础上修改而成，所做修改主要包括：研究词目由取自《现代汉语词典》第5版改为第6版；对主要章节进行了合并和顺序的调整；将框架的差异纳入了同义度的影响因素中来；细化了框架元素对比的语义角度；重新分析了框架元素的差异对同义度影响的大小；对于原来分析不到位的同义词对也做了修订。

从博士学位论文写成到书稿付梓，共约三年半的时间。这段时间里发生了三件对本书有较大影响的事情。一是本人22年从未间断过的学生生涯暂时画上了句号。80后的我们虽然在学习方面有着良好的社会大环境，但我能够在经济条件不宽裕的情况下随心所愿地读完硕士和博士而不必为金钱忧心，全仰仗恩师张博教授的资助。张老师的研究经费很大一部分都用来给学生发放劳务补贴和购买书籍，而所谓的劳务补贴由于我们能帮老师做的事情少之又少实际上变成了生活补贴，老师想让我们进行的劳动就是心无旁骛地读书。正是由于老师为我们营造了安心读书的环境，我的博士论文才能顺利做完。二是我完成了从学生到教师的身份转换。教书的第一年，四门专业课对我这个年轻教师来说压力不小，而教师讲的每节课对于绝大多数学生来说都是一辈子只会听一次的课，这带给我的心理压力更大。那段时间备课到凌晨是家常便饭，早晨六点不到就要爬起来赶往学校，虽然十分辛苦，但能够得到学生的认可也算劳有所获。课堂教学使我的语言表达能力和逻辑思维能力得到了一定提高，这对书稿的修改有很大帮助。三是我有幸参与了中国社科院语言所《现代汉语大词典》的编写工作。语言所的前辈们在业务上给予了我精心的指导，词典编写的亲身实践帮我消除了之前纯粹的理论研究的误区，使我能够对一些问题重新形成较为切实的想法，这些想法在书稿的修改中也有所体现。

此书的完成要感谢的人很多，特别需要感谢的是业师张博教授和座师程荣研究员。张老师在博士论文写作过程中给予了我悉心的指导，在我毕业之后也不断给予我关怀，书稿付梓之际又拨冗赐序。我将把对老师的感激之情化为工作的动力，努力不辜负老师对我的期望。程先生参加了我的博士学位论文答辩并给予了我参与词典编写的宝贵机会。词典编写是一项规范性极强和要求极细的工作，新手入门每一个环节都需要有人指导，词条和词条的情况又各不相同。程先生常常在百忙中花费两三个小时的时间细致地解答我在编写中遇到的具体问题，指引我一步一步跨越词典编写的门槛。我还要感谢北京大学出版社王飙主任向北京市社科联推荐了拙著，感谢北京市社科联的资助，感谢欧慧英编辑和萧贸元博士、程潇晓博士、田明明同学对书稿提出宝贵的修改意见。我也要感谢丈夫常俊强对我的包容和爱护，对我工作的支持。感谢父母身体健康，家人友爱和睦，让我能够专心于业务。

目 录

第一章　绪论 ··· 1
  1.1　缘起 ··· 1
  1.2　语义相似度研究述评 ··· 3
  1.3　研究词目、语料及术语界定 ···································· 5
    1.3.1　研究词目 ·· 5
    1.3.2　语料来源及处理 ·· 10
    1.3.3　术语界定 ·· 12
  1.4　研究意义 ·· 12

第二章　同义度分析方法 ··· 15
  2.1　同义词的差异方面及其对同义度的影响 ··················· 15
    2.1.1　同义词的差异方面 ··· 15
    2.1.2　同义词的差异方面对同义度的影响 ·················· 18
  2.2　理想的同义度分析方法应有的特征 ·························· 20
  2.3　几种重要的词义分析方法 ······································ 20
    2.3.1　历时溯源法 ··· 20
    2.3.2　词素分析法 ··· 22
    2.3.3　义素分析法 ··· 23
    2.3.4　词典释义分析法 ·· 25
    2.3.5　语境分析法 ··· 26
    2.3.6　基本原理及对同义度研究的适用性 ·················· 27
  2.4　框架语义学的词语分析方法 ··································· 28
    2.4.1　术语介绍 ·· 29
    2.4.2　分析对象 ·· 30
    2.4.3　操作方法 ·· 30
    2.4.4　分析结果 ·· 32
    2.4.5　对同义度研究的适用性 ··································· 40

2.5 同义度的分析方法和流程 …………………………………… 48
  2.5.1 同义度的分析方法 ………………………………………… 48
  2.5.2 同义度的分析流程 ………………………………………… 52
2.6 小结 …………………………………………………………… 52

第三章 同义度等级划分 …………………………………………… 54
3.1 框架的对比 …………………………………………………… 54
  3.1.1 全同关系 …………………………………………………… 54
  3.1.2 包含关系 …………………………………………………… 56
  3.1.3 交叉关系 …………………………………………………… 66
  3.1.4 相异关系 …………………………………………………… 68
  3.1.5 框架和同义度的判断 ……………………………………… 71
3.2 框架元素的对比 ……………………………………………… 73
  3.2.1 语义角度 …………………………………………………… 73
  3.2.2 配用角度 …………………………………………………… 88
  3.2.3 框架元素的差异和同义度 ………………………………… 95
3.3 基于框架和框架元素对比的同义度等级划分 ……………… 96
  3.3.1 同义度等级的划分原则和方案 …………………………… 96
  3.3.2 同义度等级的划分例示 …………………………………… 99
  3.3.3 同义度等级的分析模式 …………………………………… 101
3.4 小结 …………………………………………………………… 102

第四章 不同等级的同义动词 ……………………………………… 104
4.1 低度义近的同义动词 ………………………………………… 104
  4.1.1 FE 语义类范围有异 ……………………………………… 104
  4.1.2 FE 语义特征范围有异 …………………………………… 125
  4.1.3 FE 语义类范围和语义特征范围有异 …………………… 130
  4.1.4 FE 语义类范围和量域范围有异 ………………………… 136
  4.1.5 FE 语义类范围和例显与否有异 ………………………… 144
  4.1.6 FE 语义特征范围和量域范围有异 ……………………… 148
  4.1.7 FE 语义类范围、语义特征范围、量域范围有异 ……… 150
  4.1.8 FE 语义类范围、量域范围和例显与否有异 …………… 152
4.2 中度义近的同义动词 ………………………………………… 154

4.2.1　语义类比重有异 …………………………………… 154
　　4.2.2　语义特征比重和语义关系有异 …………………… 155
　　4.2.3　语义类比重、语义特征比重和语义关系有异 …… 156
　4.3　高度义近的同义动词 …………………………………… 157
　　4.3.1　感性意义、用法特征差异显著 …………………… 157
　　4.3.2　感性意义、用法特征略有差异 …………………… 159
　　4.3.3　感性意义、用法特征均几无差异 ………………… 166
　4.4　小结 ……………………………………………………… 168

第五章　同义度的研究价值 ………………………………… 169
　5.1　为同义词界定和判定的再思考提供视角 ……………… 169
　　5.1.1　同义词界定研究述评 ……………………………… 169
　　5.1.2　同义词判定研究述评 ……………………………… 178
　　5.1.3　对同义词的看法 …………………………………… 184
　5.2　为单一释词对释式的使用提供参考 …………………… 185
　　5.2.1　词语释义研究述评 ………………………………… 185
　　5.2.2　同义度等级与单一释词对释式的使用 …………… 190

附　录　研究词目详表及所处章节 ………………………… 194

参考文献 ……………………………………………………… 200

第一章 绪论

1.1 缘起

同义词是词汇学的重要研究对象。有关同义词的理论探讨和辨析实践，成果颇丰，但有些问题仍未得到充分的关注和很好的解决。语文词典单一释词对释式的使用即为其中之一。语文词典中有时在一个词目或义项号后用一个词进行释义，这类释词本书称为"单一释词"，这种释义方式本书称为"单一释词对释式"。被释词与其单一释词是同义词，但较少有研究从同义词的角度探讨单一释词对释式的使用条件和单一释词的选择。例如，《现代汉语同义词词典》（刘叔新，1987）中，"编造—捏造—伪造—臆造"四个动词构成一个同义组，《现代汉语词典》（第6版，以下简称《现汉》）对它们的释义分别为：

【编造】❸ 捏造。
【捏造】假造事实。
【伪造】假造。
【臆造】凭主观的想法编造。

为什么同义组中的"编造"和"伪造"使用了单一释词对释式，而其他词语未用？"编造"和"伪造"都使用单一释词对释式，单一释词为何有别？为什么选用"捏造"作为"编造"的单一释词、选用"假造"作为"伪造"的单一释词而不用同义组中的其他同义词？这类问题目前尚未有研究关注。

和同义词相关的未得到充分关注的另一个问题是，同义词词典的收词构组。现有的同义词词典对相关同义词的收录和构组大多不一致。例如，适用范围、规模大小基本相同的五部同义词词典对"辩论"及其同义词的收词构组如表1-1所示①。

---

① 五部词典同义组中词语的排列顺序不同，为方便比较调整了部分词语的顺序。

2 汉语动词同义度分析方法与等级划分

表 1-1　五部同义词词典对"辩论"及其同义词的收词构组

同义词词典	收词构组	
刘叔新（1987）	辩论、争论、争辩、辩	辩论、争论、争议
张清源（1994）	辩论、争论	争论、争吵、争持、争执
郑万泽、陈士彪（2001）	辩论、争论、争辩	
张志毅、张庆云（2005a）	辩论、争论、争辩、争议、争执	
朱景松（2009）	辩论、争论	争议、争执

五部词典中，任意两部的收词构组都不完全相同。不过它们表现出了一定的倾向：五部词典均将"争论"与"辩论"构为同义组，三部词典将"争辩"与"辩论"构为同义组，两部词典收录了"争议"，"辩"和"争执"分别只有一部词典收录为"辩论"的同义词。"争论""争辩""争议"等虽都是"辩论"的同义词，但由五部词典收词构组情况可见，有些词语同义词资格易获认可，而有些词语的同义词资格却较难获得认可。同义词词典的收词构组几乎没有完全相同的，但多数同义词词典又对某词的某个同义词比较认可，这种现象在同义词词典中普遍存在。

面对这些问题和现象，我们推测，词语间的同义关系有距离远近的不同：同义关系近、同义度高的两个同义词，可用一词释另一词，其间的同义关系较凸显；同义关系远、同义度低的两个同义词，不宜用一词释另一词，其间的同义关系不凸显。其实，已有一些研究涉及同义度。例如，Cruse（1986：265-294）把 synonymity 按照意义关系的远近分为绝对同义词（absolute synonym）、认知同义词（cognitive synonym）和近义词（plesionym）三类。他所说的绝对同义词相当于汉语词汇学界所说的等义词，近义词和汉语词汇学界所说的近义词含义相同，认知同义词[①]则相当于汉语词汇学界所说的狭义同义词。等义词"概念义完全相等"，狭义同义词"概念义有同，概念义和附属义有异"，（符淮青，1985：119-121）等义词间的同义度比狭义同义词间的同义度高。等义词又分为"概念义、附属义完全相等，任何语境都可以替换"和"概

---

① Cruse 把认知同义词的意义差异分为表情意义（expressive meaning）、选择限制（selectional restriction）、联想意义（evoked meaning）和使用语域（register）等多种类型，但未说明这些类型和同义度是否相关。根据我们的观察判断，这些类型和同义度没有必然的联系。

念义相等，但不是任何语境都能替换"两种，前一种等义词之间的差异比后一种更少，同义度更高。等义词数量少，主要是名词，而且等义关系不稳定，容易随着词语的更迭和词义的分化而消失。数量庞大的狭义同义词的同义度更有研究的价值。

为解决上述问题及填补研究空白，本书以同义关系的远近即同义度为研究对象，在对既有词义分析方法讨论的基础上，寻找适用于同义度研究的词义分析方法，使用该方法分析动词同义度，制定划分同义度等级的原则，提出划分同义度等级的方案，分析不同等级同义词的特点，希望能够从方法论的角度推进同义关系的理论研究，加深对同义词本质的理解和认识，并尝试从同义度等级的角度提出语文词典单一释词对释式的使用条件。

1.2 语义相似度研究述评

汉语词汇学界对同义度的研究成果较少，但词语的语义相似度是计算语言学界的研究热点之一。计算语言学界语义相似度的研究方法能否解决语文词典单一释词对释式的使用、同义词典的收词构组等问题呢？刘萍、陈烨（2012）把语义相似度的研究方法分为"没有背景信息的"和"有背景信息的"两大类，"背景信息"指的是能够反映词汇语义的背景知识。

没有背景信息的方法主要有基于字面的和基于词素的两种。基于字面的相似度计算方法的理论假设是，大多数同义词都含有相同的词素（即字），据此计算词与词之间的语义相似程度，如王源等（1993）、宋明亮（1994）、吴志强（1999）等。虽然很多同义词含有相同词素而成为同素的同义词，但也有很多词语没有相同词素而具有同义关系，试图基于字面探知词语的语义相似度从理论上来说就不太可行。基于词素的相似度计算方法（如，查贵庭，2000；朱毅华，2001等）的理论假设是，词素的相似度反映词义的相似度。但实际上，词素只能在一定程度上反映词义（详见2.3.2），用它来计算同义词间的语义相似度是难以奏效的。这两种方法在计算语言学界目前基本不再使用。

有背景信息的方法主要可以分为基于统计的和基于词典的两类。基于统计的方法的理论假设是，同义词具有相同的上下文信息，上下文的相似度反映语义的相似度。这种理论假设基本是正确的，但在实际操作中会遇到一些难以解决的问题，如"比较依赖于训练所用的语料库，计算量大，计算方法复杂""受资料稀疏和资料噪声的干扰较大"（章成志，2004）。即便仅从理论而言，对于解决词汇学的问题，这类方法仍然有无能为力的地方。如，同义词"田猎"和"打猎"语体色彩差异显著，"田猎"书面语色彩浓厚，多用于描写古代生活的语境；"打猎"是现代汉语词汇系统的成员，两词上下文的相似度不会很高。但单纯从意义来看，两词的理性意义未见有异，同义关系高度相近。（详见4.3.1.1）再如，同义词"丧生"和"丧命"用于不同的语域，"丧生"多用于新闻报道，很少用于日常叙述；"丧命"可以用于新闻报道，但多用于日常叙述。两词上下文的相似度也不高，但它们的理性意义也没有差别。（详见4.3.2.3）这样的同义词，语文词典可以用一词释另一词，同义词词典也宜构为同义组予以辨析。

基于词典的方法依据的词典种类不同。有的方法以传统语文词典的意义注释和同义词词典的收词构组为基础，对于区分非同义词间的意义关系远近有一定作用，但对于区别同义词间的同义度却难以奏效。如，知网（中文版网址为 http://www.keenage.com/html/c_index.html）研发了《基于知网的词汇语义相似度计算》软件包，用该软件包计算出"捏造""伪造""臆造"三词和"编造"之间、"争论""争辩""争议""辩""争执"五词和"辩论"之间的相似度均为1.000000，即100%相同，实际上没能区分同义词的同义度。现有主流研究更多的是依据各种人工建立的词汇知识分类体系，如WordNet、HowNet、MindNet等，其理论假设是，在词汇知识分类体系中距离越近的词语，语义相似度越高。这种假设从理论上来说是正确的，但对于在词汇知识分类体系中大多处在同一个路径下的同义词而言，还需要从其他方面进一步考察才能区分其同义度。

计算语言学界对语义相似度的研究成果虽然很丰硕，把同义度进行量化的思想也值得我们学习，可以作为我们日后进一步研究的方向，但计算语言学对语义相似度的研究，对象多是汉语词汇整体，关注的多是语义在多大程度上相似以便在使用中进行替换；而词汇学对同义度的研究，对象是同义词，关注的多是词义有哪些不同以便在使用中进行选择。计算语言学和词汇学对语义相似问题的研究，对象和目的均不同，计算语言学目前所使用的方法我们也不宜借用。

1.3 研究词目、语料及术语界定

1.3.1 研究词目

同义词研究常以同义词词典为底本确定研究词目，但正如前所述，同义词词典的收词构组大多不一致。本书以《现汉》为底本，选择三个及三个以上的复音动词和它们共用的单一释词分别构成的同义词对为研究词目，如"打搅""搅和""淆乱"三个复音动词共用单一释词"扰乱"：

【打搅】 动❶扰乱：人家正在看书，别去~。

【搅和】〈口〉动❷扰乱：事情让他~糟了。

【淆乱】❷动扰乱：~社会秩序。

(【扰乱】动搅扰；使混乱或不安：~治安｜~思路｜~睡眠。)

三个被释词与"扰乱"分别构成了三个同义词对"打搅—扰乱""搅和—扰乱""淆乱—扰乱"，这样的同义词对即为本书的研究词目。研究词目的确定是基于如下考虑。

1. 《现汉》被释词与其单一释词是经过谨慎判断的同义词

单一释词对释式作为语文词典释义方式的一种，研究者们大都对它持否定或改良的态度。如，王力（1945/1990）特别强调指出字典"以一字释一字"的缺点，他提出的"理想的字典"在释义方面的标准就是"尽量以多字释一字"。韩敬体（1981）认为同义词对释的精确度不高，不能表现出同义词语间的细微差别。陈炳迢（1991：159）认为，语词对释没有揭示词义特点，不宜滥用。章宜华（2001：57）认为语词对释"只注重'同义词'相同的一面，忽视了它们不同的、多义的一面"。正是由于单一释词对释式存在很多缺点，因此，《现汉》使用起来非常谨慎。凡是《现汉》中使用单一释词对释式的被释词及其释词，我们认为其间同义关系的可靠程度是较高的。

2. 研究成果可用来研判《现汉》单一释词对释式的使用

单一释词对释式的使用和同义词的同义度密切相关。以《现汉》

被释词与其单一释词构成的同义词对为研究词目，对这些同义词对的同义度进行分析，可用来反观《现汉》单一释词对释式的使用是否合适，可将理论研究成果即时投入应用。

3. 动词性的被释词与其单一释词构成的同义词情况最为复杂

动词、名词、形容词、副词等各种词性的词语在《现汉》中都有使用单一释词对释式的。为了了解不同词类的情况，我们从《现汉》汉语拼音首字母篇幅超过 100 页的随机选取了 B（101 页）、C（113 页）、S（139 页）三个字母进行抽样调查，统计了使用单一释词对释式的不同词性的被释词的数量。

除了典型的以一词释另一词，如【存身】动 安身，以下五种情况也属于单一释词对释式，包含在统计范围内：

（1）释词只有一个，释词前有〈口〉的。如，【刺挠】〈口〉形 痒。〈口〉标示了被释词的语体特征。

（2）释词只有一个，释词前对词语所属词类的附类或小类予以说明的。如，【北边】名 ❶（~儿）方位词。北①。"方位词"是"北边"所属的名词的附类。

（3）释词只有一个，释词后有义项号的。如，【捕捉】动 捉②。

（4）释词只有一个，释词后标注读音的。如，【桑葚儿】sāngrènr〈口〉名 桑葚（sāngshèn）。注音是为了区别同形词。

（5）释词只有一个，释词后说明异形词的。如，【把式】名 ❷〈口〉武术。‖也作把势。"也作把势"是对"把式"异形词的说明。

但以下四种情况不是单一释词对释，或被释词、释词不是现代汉语普通话词汇系统的成员，不在统计范围内：

（1）释语是词组的。如，【删除】动 删去。"删去"是词组，不是词。又如，【进食】动 吃饭。【吃饭】动 指生活或生存。对释"进食"的不是"吃饭"一词，而是"吃"和"饭"组成的词组，这不是单一释词对释。"词"以《现汉》收录且标注词性为准。

（2）单一释词前或后带有括注的。如，【扇动】❶动 摇动（像扇子的东西）。"像扇子的东西"是对"摇动"受事语义范围的说明，这不是单一释词对释。

(3) 单一释词前有〈方〉的。如,【山芋】〈方〉名甘薯。被释词是方言词,释词是现代汉语普通话词汇系统的成员,两个词不在同一个语言子系统中构成同义关系。

(4) 释文是异体词的正形的。如,【沙壶球】同"沙狐球"。

需要特别说明的是释文中有〈书〉标记的。《现汉·凡例》说"标〈书〉的表示书面上的文言词语",也就是说,标〈书〉的被释词是书面语色彩浓厚的文言词语。但若将这样的被释词统统排除在现代汉语词汇范围之外显然是不妥当的。因为词汇具有历史传承性,有些文言词语在现代汉语中仍然使用,使用频率可能比未标〈书〉的词语还高。如"闲话"(❸〈书〉动闲谈),在语料库的目标路径①中共检索出77条语例,而"淆乱"(❷ 动扰乱)在目标路径中仅检索出4条语例。对于标〈书〉的被释词,如果在语料库中或使用搜索引擎检索出的语例有一定数量,足可据以考察词语用法,则纳入研究范围;若语例数量极少,无法据以考察词语用法,则排除在研究词目范围之外。

B、C、S三母使用单一释词对释式的不同词性的被释词数量统计结果详见表1-2。由表可见,名词和动词使用单一释词对释式的数量最多。使用单一释词对释式的名词多表人、动物、植物、人工物等,如"百事通❷:万事通②""巴儿狗:哈巴狗""白果:银杏""拔火筒:拔火罐儿"等,被释词与其释词往往是对同一事物的不同称呼,情况简单。而使用单一释词对释式的动词情况较复杂,词义分析和释义的难度较大,研究价值高。因此本书以动词性的被释词与其单一释词构成的同义词对为研究词目。

表1-2 B、C、S三母使用单一释词对释式的被释词统计

词性	名	动	形	副	连	介	数	量	代	总计
B	212	129	20	7	10	1	1	1	0	381
C	228	247	58	14	0	2	0	1	1	551
S	318	180	44	22	10	1	0	0	0	575
总计	758	556	122	43	20	4	1	2	1	1507

---

① 详见1.3.2对语料来源的说明。

4. 相比单音词，单一释词对释式对复音词而言较为少用

当单音词与同素的复音词意义相近时，词典往往用复音词注释单音词，再详注复音词，这是词典注释单音词的常见策略。如，单音词"留"的 6 个动词义项中，就有 3 个用同素的复音词注释：

【留】❷留学。❺保留。❼留存；遗留。

而"留"字头下的 32 个复音词的 39 个义项，只有"留心"一词一义使用的是单一释词对释，其他均为详注。可见，复音词只有在一定条件下才用单一释词对释，正因为单一释词对释对复音词的释义而言较为特殊，所以研究价值较高。

5. 三个及三个以上被释词共用单一释词便于区分同义度等级

《现汉》存在多个被释词共用一个单一释词的情况。如，"怀恋""怀想"二词都以"怀念"为单一释词，"惦""牵挂""牵念""系念""悬念❶"五词均以"挂念"为单一释词。两个被释词共用一个单一释词时，被释词和释词构成的同义组中包含两个同义词对，通过对比只能得到哪对同义词间的意义近、哪对同义词间的意义远。三个及三个以上的被释词共用单一释词时，被释词和释词构成的同义组中有三个及以上的同义词对，通过对比可区分出同义度等级，是研究同义度等级的良好样本。据我们统计，《现汉》中三个及三个以上复音动词共用单一释词的共 150 个，分布详情见表 1-3，具体词目见附录。

表 1-3 三个及三个以上复音动词共用单一释词的情况统计

共用某单一释词的复音被释词个数	三	四	五	六	总计
共用的单一释词个数	22	14	2	3	41
共用某单一释词的复音被释词数量	66	56	10	18	150

共用的单一释词是多义词时，有两种不同的情况需要说明。第一种情况是，共用的单一多义释词，《现汉》有时标注了义项号，有时未标义项号，如果根据语料能够判断出释词的义项相同，则纳入本书的研究词目范围。如"吃斋""素餐❷""素食❷"，《现汉》的释义分别为：

【吃斋】 动❶ 吃素①：~念佛｜吃长斋。

【素餐】 ❷ 动 吃素。

【素食】❷ 动 吃素：~者（长期吃素的人）。

（【吃素】 动 ❶不吃鱼、肉等食物。佛教徒的吃素戒律还包括不吃葱蒜等。❷ 指不杀伤〈多用于否定式〉：你敢捣乱？告诉你，我的拳头可不是~的。）

"素餐❷""素食❷"的释词"吃素"虽然没有标注义项号①，但根据语料判断应是"吃素①"，即上述三词共用一个单一释词，纳入本书的词目范围。除此组外，还有一组：

【忖量】 动 ❷思量：她~了半天，还没有想好怎么说。

【思忖】〈书〉 动 思量①：暗自~｜~再三。

【思想】❸ 动 思量：~了半天，还是拿不定主意。

（【思量】 动 ❶考虑：这件事你还得好好儿~。❷〈方〉想念；记挂：大家正~你呢！）

第二种情况是，共用的单一多义释词，《现汉》均未标注义项号，但根据语料能够判断出释词的义项不同，不纳入本书研究词目范围。如"上手²""伊始""肇始"，《现汉》的释义分别为：

【上手】² 动 ❷开始：今天这场球一~就打得很顺利。

【伊始】〈书〉 动 开始：新春~｜下车~。

【肇始】〈书〉 动 开始。

（【开始】❶ 动 从头起；从某一点起：新的一年~了｜今天从第五课~。❷ 动 动手做；着手进行：~一项新的工作｜提纲已经定了，明天就可以~写。❸ 名 开始的阶段：一种新的工作，~总会遇到一些困难。）

---

① 吕叔湘（1958/2004：110）说，《现汉》"原则上不采取'〔×〕×②'的注解格式，尽可能用单义词来注多义词。如用多义词作注，取其基本义，不必加数码。如'［户］ 1 门'，不用'门①'"。也就是说，《现汉》尽量避免使用多义词作注，如果不得已使用，则用其基本义，不加义项号。这样做可以使词典更简洁。

"开始❶"是不及物动词,"开始❷"是及物动词。根据对语料的考察,"上手²❷"和"肇始"都只有不及物用法,意思都是"开始❶"。例如:

(1-1) 不料工作一<u>上手</u>,才发现她比学院派翻译家还认真。
(1-2) 但是,一<u>上手</u>就放不下,一连几小时,甚至通宵达旦,常年如一。
(1-3) 皮亚杰的学说<u>肇始</u>于三十年代。
(1-4) 造物主自文明<u>肇始</u>即占有至尊的地位。

"伊始"虽被标为动词,但根据对语料的考察,它只能用在动词、动词短语或时间名词的后面,意思是"开始❸"。例如:

(1-5) 建社<u>伊始</u>,便抓了这一重大选题。
(1-6) 2004 年<u>伊始</u>,许多经济组织预计,如果不出现意外,今年拉美经济将加速复苏步伐。①

此组不符合我们的研究词目确定标准,不纳入研究词目范围。

1.3.2 语料来源及处理

本书使用的语料主要取自北京大学中国语言学研究中心现代汉语语料库(网址为 http://ccl. pku. edu. cn:8080/ccl_corpus/index. jsp? dir = xiandai,以下简称 CCL)。该语料库"高级检索"中列出的语料路径(网址为 http://ccl. pku. edu. cn:8080/ccl_corpus/advance_search. htm),经我们整理,共有以下几种类型:

\ 当代 \ 报刊(包括"1994 年报刊精选""读书""人民日报""作家文摘"等)

\ 当代 \ 电视电影(包括"百家讲坛""周星驰喜剧剧本选"等)

\ 当代 \ 翻译作品(包括"文学""应用文")

\ 当代 \ 口语 \ 1982 年北京话调查资料

\ 当代 \ 史传(包括"中国历代名将""中国远征军入缅对日作战述略"等)

\ 当代 \ 网络语料(包括"脑筋急转弯""无厘头水浒故事:完全

---

① 有些例句未整句引用,只要句意完整,即加注句末点号。全书同。

强盗手册"等）

\ 当代 \ 文学（包括"大陆作家""台湾作家""香港作家"）

\ 当代 \ 应用文（包括"词典""法律文献""语言学论文"等）

\ 现代 \ 戏剧（包括"曹禺""老舍"）

\ 现代 \ 文学（包括"沈从文""赵树理"等）

"当代"路径下的"电视电影""翻译作品""口语""史传""网络语料""文学（台湾作家 \ 香港作家）"不宜视为典范的现代汉语语料；"当代 \ 应用文"收录了词典、语言学论文等特殊类型的语料，不宜视为自然文本的语料；"现代"路径下的语料取自新中国成立前的文学作品，不宜视为现代汉语的语料。本书只取"当代 \ 报刊"和"当代 \ 文学 \ 大陆作家"两个路径下的语料。据《CCL 语料库现代汉语语料分布情况》（网址为 http://ccl.pku.edu.cn:8080/ccl_corpus/CCL_Xiandai.pdf）发布的数据，前者共 623,330,356 字节，后者共 49,257,046 字节，总计 672,587,402 字节。本书所有语例，如无特别说明，均取自 CCL，引用时不再说明路径、作者和具体篇目。语料库中的语例原文有文字错误或和目标词无关的错误时，予以修正，修正之处，不再一一指出。

有些低频词，目标路径下检索不到相关语例或语例较少时，我们会使用百度搜索引擎搜索新闻语料，这些语料多来自政府官方网站或有一定规模、较为规范的网站，网站名称用破折号标示在语例后。为了更好地说明词语的用法，我们有时会对检索出的语例进行改编或自造一些能够展示词语用法的语例，改编或自造的语例均予以说明，改编的语例同时附注原句。

有些高频词，目标路径下的语料数量相当大。由于我们人工分析，精力有限，且语料库本身即为对语言使用者产出的言语的抽样，因此，在语例达到一定数量、足够反映词语用法的前提下，不追求对语料的穷尽性分析。我们把每个义项分析的语例数量上限设定为 300 例。语例少于 300 的全部分析。语例超过 300 的单义词按照"语料数量/$n \leqslant 300$"的公式（n 为取值区间内的最小整数），每 n 条中取第 1 条分析。如，目标路径检索到的单义词"轻视"的语料有 818 例，按照公式计算"$818/n \leqslant 300$"得 n 的取值区间为 $n \geqslant 2.73$，n 取最小整数 3，818 例中每 3 例取第 1 例，得 272 例。语例超过 300 的多义词，公式调整为"语料数量/n≤300×义项数量"。如，"可怜"有3个义项：❶形值得怜悯；❷动怜悯；❸形（数量少或质量坏到）不值得一提。目标路径检索到的语料有3226例，套用公式计算"3226/n≤300×3"得n的取值区间为n≥3.58，n取最小整数4，3226例中每4例取第1例，得到806例，逐例分析后得到"可怜"目标义项❷的语料128例。

1.3.3 术语界定

本书使用的同义词相关术语，含义如下。

"同义词"指具有同义关系的词位，区别于具有同义关系的成语、俗语等构成的"同义语"。"同义词"具体所指分三种：第一种是词汇系统中所有的具有同义关系的词位；第二种是相互之间有同义关系的两个或多个词位组成的聚合；第三种是与一个词语有同义关系的词。三种所指大多数情况下不重合，"同义词"前无修饰语，一般指的是第一种；"表示某义的同义词"中的"同义词"一般指的是第二种；"某词的同义词"中的"同义词"一般指的是第三种。

"同义词对"指具有同义关系的两个词位组成的聚合。"同义组"指若干个有同义关系的语素、词、成语、俗语等组成的聚合，本书用来指具有同义关系的三个及三个以上的词位组成的聚合。

1.4 研究意义

研究汉语动词同义度的分析方法和等级划分，具有以下几方面的意义。

1. 将框架语义学方法引入汉语动词同义度研究

框架语义学是认知语言学的一个分支，关注词语的使用和词语意义间的关系，之前有学者对它进行过一定的介绍和应用，但多为引介性质或将其用于语篇、语境、语言翻译研究等，如丁树德（2003）、程琪龙（2003）、朱永生（2005）、由丽萍、杨翠（2007）、李月平（2009）等，较少有学者将它用于同义词及同义度的研究。

本书论证理想的同义度分析方法应有的特点，梳理目前常用的词义分析方法之后发现，框架语义学的词义分析方法基本符合理想的同义度分析方法的各项要求。因此，我们以框架语义学方法为主分析汉语同义动词及其同义度。

将框架语义学方法引入汉语动词同义度研究，也为汉语动词同义关系的研究提供了具有可操作性的分析方法。框架语义学的词义分析方法，适用于绝大多数同义动词；基于大规模语料获取词义的做法提升了语义分析的客观性；能够全面获取词语的理性意义，保证分析有序可循，有据可依。

2. 为汉语动词同义度等级的划分提供了具有普适性的划分方案

我们主要采用框架语义学方法，在对同义词大量分析的基础上，得到同义动词框架和框架元素的诸多差异，如框架关系和框架元素的语义范围、例显与否、语义类比重、语义特征比重、语义关系等，并分析了这些差异对同义度影响的大小，根据这些差异将同义度划分为三个等级。

用框架语义学方法分析同义动词，所得到的差异不外乎框架关系或框架元素的语义范围、例显与否、语义类比重、语义特征比重和语义关系这些方面，我们在这些差异方面和同义度等级之间确立了对应关系。因此，任何一对同义动词，其同义度等级必定是三个等级中的一级，本书所提出的同义度等级划分方案对同义动词是普遍适用的。

3. 从同义度的角度重新思考同义词的本质

同义词本质上是什么样的现象？刘叔新、周荐（1992：21）说："语言词汇中由若干个单位聚合而成的同义组，不是一个松散的、简单的集合，而是一个组织严密、结构严谨的聚合体。同义组内任何一个成员都同其他成员有着同义关系，而不与组外的任何词语有这种同义关联。"刘叔新（1990：288）说："互有同义关系的词语，在语言一定时期内是确定的，而且数量上有定，是有限的若干个。换言之，同义组总是包含着确定的、数目有限的成员，在共时的平面上是一个完整的、稳定的、封闭的结构组织。"两位学者显然认为同义词是一个典型范畴，与其他范畴间界限分明。对此，徐正考（2003）认为刘叔新、周荐的观点从理论上讲是有道理的，却难以证明，"到目前为止，还无人能研究出现代汉语到底有多少个同义词群；各同义词群究竟包括多少成员，也是一个尚未解决的问题"。陈桂成（2003）更直接提出"词的兼类、多义现象""认识的角度、程度不同""词汇的新陈代谢、人们对同义词认知的不断深化"等决定同义词群是开放性的动态结构。

基于对同义度的分析，本书剖析了目前同义词界定和判定中存在的问题及其原因，对同义词的本质提出我们的看法，即同义词是词义相近性连续体上的一部分。

4. 为语文词典单一释词对释式的使用提供参考

单一释词对释式虽然存在着一些缺陷，但语文词典中单一释词对释式的使用在可预见的一段时间内不可能取消。目前有关单一释词对释式的研究大都是讨论如何避免循环释义的，未见从同义度的角度对释义的精准性进行的研究。一个词语是否适合使用此方式释义，首要的考虑因素就是该词与其同义词之间的同义度。本书所提出的同义度等级可为语文词典单一释词对释式的使用提供参考。

第二章　同义度分析方法

同义词之间的差异越大,同义关系越远,同义度越低;差异越小,同义关系越近,同义度越高。本章首先梳理同义词的差异方面,分析同义词在不同方面的差异对同义度的影响的大小;其次提出理想的同义度分析方法应当具有的特点;再次讨论已有的词义分析方法对同义度研究的适用性;然后介绍框架语义学的词义分析方法;最后说明本书分析汉语动词同义度的方法和流程。

2.1　同义词的差异方面及其对同义度的影响

2.1.1　同义词的差异方面

同义词的差异方面即同义词的辨析角度,总结起来,可分为词汇意义和用法特征两方面,词汇意义又分为理性意义和感性意义,具体如表2-1所示。对于指称同一辨析角度的不同术语,我们选用较常用、较易理解的。如"词义轻重",有称为"语义轻重"的(璩一,1953),有称为"分量轻重"的(张弓,1964),还有称为"意义的轻重、深浅"的(苏蛩、田振山,1984:37),我们统一使用"语义轻重"。有一些差异方面只有少数研究提及,如洪梦湘(1957)"动作的性质",张弓(1964)"气派大小""程度高低""实在义或形容义",张志毅(1980)"动作内容",陆善采(1993:8-91)"行为的方式"等,不在表中列出。

16 汉语动词同义度分析方法与等级划分

表 2-1 同义词的差异方面

	理性意义			感性意义					用法特征				
	适用范围	语义轻重	语义侧重点	褒贬色彩	形象色彩	感情色彩	语体色彩	风格色彩	词性	句法功能	构形形态	构词形态	使用频率
璞 一（1953）	✓	✓											
洪梦湘（1957）				✓	✓	✓	✓					✓	
高庆赐（1957）	✓	✓		✓									
张志毅（1958）									✓	✓	✓		
张 弓（1964）	✓	✓			✓	✓							
北京师范大学中文系编写组（1972）	✓	✓	✓			✓		✓	✓				
杨书忠（1972）	✓	✓				✓	✓		✓				
张志毅（1980）	✓	✓	✓	✓	✓	✓	✓		✓	✓	✓	✓	✓
高文达等（1980）	✓	✓				✓	✓						
苏 蚩等（1984）	✓	✓				✓							
张 静等（1988）	✓		✓				✓						
梅立崇（1988b）	✓	✓		✓			✓		✓		✓		
陆善采（1993）						✓	✓						

各差异方面的涵义具体如下：

1. 理性意义

适用范围：指动词所适用的名词的语义范围。如"宠爱—溺爱"①，前者"对象较广，可以是子女、妻妾、学生、下级。偶尔是某种事物"，后者"对象较窄，多是自己的孩子、学生，有时是其他事物"，

---

① 2.1.1 所举例子如无特别说明，均取自《新华同义词词典》（张志毅、张庆云，2005a），根据需要，只摘取同义组中相关的词目及辨析内容。

"宠爱"比"溺爱"的适用范围大。

语义轻重：指语义程度的轻重。如"爱好—嗜好"，前者"程度轻"，后者"程度重，多含'过分'意味"。

语义侧重点：指语义所强调的方面。如"爱护—爱惜"，前者侧重于"护：妥善保护，不使受害"，后者侧重于"惜：不使白白消耗掉，舍不得"。

2. 感性意义

褒贬色彩：指词语所表明的说话人对有关事物的赞许、褒扬的态度或厌恶、贬斥的态度，或没有明显倾向性的态度。如"暗藏—隐藏"，前者"多带贬义"，后者是中性词，没有明显的褒贬色彩。

形象色彩：指词语专门描述具体感性表象的特征。如"蜂拥—簇拥"，前者指像蜂群似的拥挤着，有形象色彩；后者指许多人紧紧围着，没有形象色彩。

感情色彩：指词语所表明的说话人对有关事物的亲切、尊敬、惋惜、赞叹等特征。如"长逝—辞世"，前者"含惋惜色彩"，后者"带委婉色彩"。

语体色彩：指词语适用于社会交际的不同范围、适用于不同文体的情况。如"遵照—按照"，前者多用于书面语，后者则通用于书面语和口语。

风格色彩：指词语经常出现在怎样特定风格的上下文中。如"翱翔—飞翔"，相比"飞翔"，"翱翔"常用于文学语言。

3. 用法特征

词性：词性不同的词不能构成同义词，但具有同义关系的词语中的一个或多个词可能是多义词，有同义关系的义位词性一致，没有同义关系的义位可能分属不同的词类。如"仇恨—愤恨"都是动词，但前者"还有名词义：仇恨的心态，如'世代～，激起～，心怀～'等"。

句法功能：指词语能充当哪些句子成分或经常充当哪些句子成分。如"爱好—嗜好"，前者"动词、名词义都常用"，后者"动词义不常用，名词义常用"。

构形形态：指词语的构形形态，包括词语的重叠形式及其语法意义。如"漂亮—美丽"，前者可以重叠为"漂漂亮亮"，后者不能重叠为"＊美美丽丽"。（笔者例）

构词形态：指词语作为词根与其他词根或词缀结合能构成哪些词语

及构词能力的强弱。如"保卫—保护",前者能构成词语"保卫战",后者可构成"保护人"。

使用频率:指词语的常用程度。张清源(1994)提及可从是否常用的角度辨析同义词。

2.1.2 同义词的差异方面对同义度的影响

各差异方面对同义词辨析的重要性并不相同,这是由同义词的性质和意义的构成决定的。同义词是从意义属性而非语音属性或语法属性界定的词语类聚,词汇意义的辨析角度自然比其他辨析角度重要。而在词汇意义中,理性意义是主要部分,感性意义是次要部分;相应地,在同义词的辨析中,理性意义的重要程度高于感性意义。刘叔新(1982)也曾明确提出同义词各辨析角度的重要程度(>表示"重要于"):词的理性意义>词的各种表达色彩上的差异>词同其他词语搭配上的特点>词在句法功能上和词法上的特点。

同义词在理性意义、感性意义和用法特征上的差异,对同义度的影响也不同。同义词用法特征上的差异并不影响同义度,因为"词性""句法功能""构形形态""构词形态""使用频率"和词汇意义无关。如,《现汉》用"顺从"释"依从""依随","顺从"可以受程度副词修饰,可以作状语,"依从""依随"没有这样的句法功能。下面语例中的"顺从"均不能换成"依从"或"依随":

(2-1)"好的。"何顺非常顺从,嘻嘻哈哈地从口袋里掏出四个鸡蛋。

(2-2)但是随着情节的推进,看到他在强权面前如此顺从和忍气吞声即能恍然大悟。

(2-3)上了点年纪的警察,举起喇叭喊了几句话,让工人们散开,工人们就顺从地散开了。

(2-4)这有些答非所问,但我却顺从地跟着他走。

虽然三个词句法功能有异,但词汇意义相同,均指"依照别人的意思,不违背,不反抗"①。

"词性""句法功能""构形形态""构词形态""使用频率"等用

---

① 如未另作说明,全书释文均取自《现汉》。

法特征和词汇意义无关，比喻用法作为用法特征，和词语的比喻义有一定关系。如"镌刻、镂刻❶"都用"雕刻"注释。"镂刻❶"是"雕刻"义，《现汉》另设有"镂刻❷"，指"深深地记在心里；铭记"，这是由本义"镂刻❶"引申形成的比喻义。"镌刻"虽然《现汉》没有设比喻义，但有和"镂刻"相同的比喻用法，例如：

（2-5）每一个人在启蒙时期<u>镌刻</u>在脑海里的记忆是毕生铭记难忘的。

（2-6）在我的脑海里，深深地<u>镌刻</u>着这样动人的一幕……

如果比喻用法发展成为一个独立的义项，根据同义词研究的义位对应原则，只需要分析本义间的同义度。比如，要分析"镂刻—雕刻"的同义度，只研究二词"在金属、玉石、骨头或其他材料上刻出形象"义项的差异大小即可。如果比喻用法没有独立为一个义项，那么它仅仅体现了词语的使用特点，和词语的本义没有关系，也不影响本义的同义度。比如"镌刻—雕刻"，前者有比喻用法，后者很少用于比喻，要分析二词的同义度，只研究本义的差异大小即可。

影响同义度的是理性意义和感性意义的差异，而理性意义的差异对同义度的影响比感性意义大得多。这是因为：（1）理性意义是判定两个词语是否为同义词的决定性因素，两个词语的理性意义完全相同或大部分相同，才能成为同义词。感性意义在特殊情况下才决定词语是否同义——只要感性意义不相反、相对，就不会影响理性意义相同的词成为同义词。（2）几乎每个词语都有其独特的、不同于其他词语的理性意义，或者少数几个词语共有一个理性意义（即理性意义完全相同的同义词）；感性意义不是独寓于一个词语之中或为少数几个词语所共有，而是贯通数量庞大的众多词语。

总之，理性意义和感性意义的差异影响同义度，理性意义的差异对同义度的影响远大于感性意义。理性意义和感性意义均有异的同义词，理性意义的差异大小是影响同义度的主要因素；理性意义无异、感性意义有异的同义词，感性意义的差异对同义度的影响才凸显。感性意义的差异易于感知，理性意义的差异是分析同义度的关键。

2.2 理想的同义度分析方法应有的特征

理性意义不是词义的最小单位，它还可以从不同的方面分解成更小的意义成分，如义素分析法将词义分解成语义特征。分析同义词理性意义的差异要从分析这些更小的意义单位间的差异入手。义素分析法适用于封闭的名词义场，不适用于动词，那么，能否从理性意义的辨析角度——"适用范围""语义轻重""语义侧重点"来分析同义度呢？对于辨析角度，董性茂（1997）指出：

> 这些差别项目只是告诉人们在辨析同义词时往往可以在这方面得到结果。当然，对这些差别性项目的具体内容的分布情况进行归纳，是可以为同义词辨析提供思考的线索和门径的，也可作为比较开始之前指导人们预设目标的参考，而且还可以指导人们在比较过程中选择恰当的方式和方法。这对克服认识策略中的思维取向的错误是有用的，但毕竟不是一种带有技术性、可操作的方法。

辨析角度是在同义词辨析实践的基础上总结概括得出的，但并没有告诉人们怎样才能得出同义词在这些角度上的异同。同义词的辨析角度不具有可操作性，难以用来很好地分析同义度。

理想的同义度分析方法最好具有以下特征：（1）适用范围广，即应能适用于所有动词或绝大多数动词而不限于具有一定特点的部分动词；（2）可操作性强，具有较为固定的操作程序，不能主要基于研究者个人的语感；（3）获取的理性意义全面，即能对词语全部的理性意义进行分析而非仅获取部分意义特征。

2.3 几种重要的词义分析方法

2.3.1 历时溯源法

历时溯源法包括形训法和声训法。陆宗达、王宁（1980）指出，"训诂在探求和解释语义时，有两个基本的方法：一个是'以形索义'，一个是'因声求义'"。形训法是"一种专门表述汉字本义的训释"（王宁，1989）。如《说文》中例：

《二上·半部》:"半,质中分也,从八从牛,牛为质大,可以分也。"

《二下·品部》:"喿,鸟群鸣也,从品在木上。"

"用体大的牛来标识从中剖分,用三个口(三个表示多数)在木上来使人想起许多鸟吱吱喳喳乱叫。"(例子和分析均引自王宁,1996:102－103)典型的形训虽是字训,但"在论及意义时,字义就是词义。字除了从它据以造形的词和它以形记录的词那里移植意义外,自身并无意义可言"(王宁,1996:104－109)。"因字求义"的原则是:(1)"本义必须与字形相贴切";(2)"本义必须是在实际语言中确曾使用过的意义之一,……探求本义必须参证于文献语言";(3)"本义所反映的现实事物或这个民族共同的经验和认识,必须早于其他词义所反映的内容"。(陆宗达、王宁,1984)

声训法是"用音近义通的词来作训"(王宁,1989)。如张博(2004a)所举之例:

> 系联与"煤"有谐声关系的多个词语,发现它们多有"薄"义:枼(薄)、葉(草木的叶子)、牒(简札,记事用的小木片或竹片)、褋(单衣)、楪(切成薄片的肉)、堞(城上矮墙)、蝶(蝴蝶。翅膀大而薄)、鲽(比目鱼。身体扁平)、箕(书页),于此可知,"煤"的词源义当为薄。

形训法、声训法是借助字/词的其他方面的属性分析字/词义的,揭示的是字的造意、词的本源义。王宁(1996:105－106)指出词源义"虽然不在使用中直接实现,但它对使用意义的特点有决定作用,非同源的同义词,只在使用意义上相同,词源意义却不可能相同,用这个方法可以辨析同义词",并举了言语动词"说""论""语"的例子[①],如表2－2所示。

表2－2 王宁(1996)对"说""论""语"使用意义和词源意义的分析

词例	使用意义	词源意义
说	谈话(说释)	启开(悦、脱、驰……同源)

---

① 王宁(1989)也分析过这三个词语,和王宁(1996)表述略有不同。

续表

词例	使用意义	词源意义
论	谈话（论理）	有文理（纶、轮、沦、伦……同源）
语	谈话（对语）	相对（敔、禦……同源）

张博（2004a）也指出，"词源义和本义的某些语义特征犹如生物体的遗传基因，在词语孳生和意义引申的过程中既绵延不绝，又渐次失落隐晦，……在进行同义词辨析时，这种穷原竟委式的考索，对于准确地揭示同义词的语义特征，……确实具有十分重要的意义"，并举了"旁门"和"侧门"的例子。通过对"旁""侧"词源义的考察，指出"旁"表"旁边"义隐含"二者并列、对称"的语义特征，"侧"表"旁边"义隐含"不正"的语义特征，所以，"旁门"多表并列在中门两边的门，"侧门"多在建筑物的侧面，而不在正面。

2.3.2 词素分析法

词素分析法是通过分析复合词的结构和构词词素获取词义的方法。刘叔新（1984）[①] 指出汉语同义词的特点之一是"同一同义组的词大多含有共同的语素"，这样的同义组"可从不同的语素来分辨词义的差别"，并举了"新鲜""新颖"的例子：

> "新鲜""新颖"都表示新出现的，有新的内容或形式的。"鲜"含有"事物刚产生时样子新、色泽新并富有生气"的意思，因此"新鲜"着重于表示事物刚出现的性状的新，往往还强调不普遍，和陈旧相反。"颖"含有"聪明、领悟能力不同于一般"的意思，因此"新颖"含有"新得别致、不平凡"的意味，和平常而老旧相反。

符淮青（1985：124）也说，"在分析词义异同时，词素分解法有一定作用"。陈绂（2006）通过深入分析"有名""知名"的构词法和构词语素的内在涵义，指明了二词之异。

有的研究者指出词素分析法在同义词辨析中的适用范围有限。如，符淮青（1985：124）认为："很多词意义有整体性，其含义，词素不

[①] 刘叔新（1990：297）和刘叔新、周荐（1992：77）重申了这一观点。

能完全表示，……用词素分解来说明异同就很困难了。"符淮青（1985：234）将语素义和词义的关系分为五种基本类型：语素义直接地、完全地表示词义；语素义直接地、部分地表示词义；语素义间接表示词义；表词义的语素有的失落原义；语素义完全不表示词义。后三种情况下都较难通过语素义获知词义。许晓华（2008）对 HSK 甲、乙级 108 组同义动词进行考察得出，39.1% 的同义组的词义差异很难或完全不能借助相异语素的语素义说清楚。

我们认为，词素分析法对含有相同词素的一部分复音同义词的辨析有一定适用性，尤其是结合使用历时溯源法来辨别不同词素，往往能比其他方法更好地探及同义词的差异根源。

2.3.3 义素分析法

义素分析法是通过分析义素来分析词义的一种方法。"词义的分析常被看作是把一个词的意义分成最小成分的过程。"（Geoffrey Leech，1974/1987：126）这里的最小成分即义素，常被举到的例子是英语单词 man、woman、boy、girl。

义素分析法可用来直接判定词语间是否有同义关系及辨析其间异同，而不必单独分析各词词义后再比较、判定或辨析。用义素分析法判定、辨析同义词的主要倡导者和使用者是刘叔新。刘叔新（1982）说"要确定同义词，……较有效的方法是作义素的分析"，并举了"行为""行径""行动"的例子，如表 2-3 所示。

表 2-3 刘叔新（1982）对"行为""行径""行动"的义素分析

词义类型	义素	行为	行径	行动
理性的（主要的）	1. 人所发生的	+	+	+
	2. 有动作性	±	±	+
	3. 做出某种事情	+	+	−
	4. 已表现出来而为人所知	+	+	±
	5. 在进行中	−	−	±
感性的	1. 贬义的感情色彩	−	+	−
	2. 感情色彩上中性	+	−	+

"行为""行径"和"行动"的一些主要理性义素不同，根据刘叔

新（1982）的同义词判定标准，这三个词的外延和内涵均不一致，不是同义词；而"行为"和"行径"的主要理性义素相同，是同义词。

义素分析法提出之后得到不断丰富和发展。研究者们不但用它来对比同一语言的词语，也用来对比不同语言中意义相近的词。分析义素也"不一定非在相关词的对比中进行，可以扩展到一个词的不同义位之间；也不一定非采用正值负值二元对立的描写方法，可以根据比较的具体需要对义位的内部构成加以适当的离析"（张博，2004b）。经过发展的义素分析法，"不仅仅是语义学研究的一种方法，它更是一种思维方式"（石毅，2002），蕴含着对比的思想和通过词义成分获取词义整体的由部分到整体的思想。

较之以往的词义分析方法，义素分析法关注词义的构成成分和词义之间的关系。林杏光（1999：285）指出它"侧重于研究语义自身的构成"，"本质是结构主义语言学的对比原则"。对于义素分析法的优势和作用，很多研究者都予以肯定，也有研究者看到了其局限性。邢公畹（1991）指出义素分析法的实施有两个难处：①"每一个词的意义含蕴有的说不尽，有的说不清"；②"按照系统论的说法，任何系统的含蕴都不是它的各个组成要素的含蕴的简单相加之和，……所以从切分出来的义素中得不出这个词的整体意义含蕴"。刘叔新后来也认识到了这种方法的缺陷，刘叔新、周荐（1992：38 - 39）说义素分析法"归根结蒂还是从主观方面分析意义，仍旧没有客观的标志可资依凭，确定义素的主观性很难避免"，而且"一遇义素不易辨析的比较抽象的词语，便一筹莫展"。葛本仪（1997：129 - 142）认为："从静态看，不同语义域中词义的普遍特征和区别性特征不断更换，义素分析不能表示词义的全部构成成分，主要是用来分析词与词之间的界限和联系的；从动态看，词在言语中呈现出的丰富内涵，单纯的对比无法揭示完全。"王洪君（2010）认为义素分析法的适用范围有限，说："它用于分析亲属关系、军衔等封闭的语义场效果不错。但除了这极少数的几个义场，这一分析法却难言成功。"

蒋绍愚（1989：24）认为，义素分析法"毕竟是词义研究方面的一种突破"，我们同意蒋先生的看法。它虽不是为辨析同义词提出的，但其内蕴的"对比"思想却和同义词辨析中的对比精神不谋而合。它的缺陷源于结构主义语言学所秉持的意义观：语言是自治的，语义从本质上说不是心理现象而是语言现象，不能把语义结构和认知混淆在一起。这种根本性的缺陷不是仅通过技术层面的改进就能消除的。

2.3.4 词典释义分析法

词典是辞书编纂者的智慧结晶,有研究者提出应对其加以合理利用,通过分析词典释义获取词义。符淮青(1996:73-165)对表动作行为的词、表名物的词和表性状的词分别提出了基于词典释义的意义分析法,表动作行为的词释义模式如下:

$$\left.\begin{array}{l}\text{原因}\\\text{数量}\\\text{条件}\\\text{性状}\end{array}\right\}\text{施动者}+\left.\begin{array}{l}\text{身体部位、}\\\text{工具、程度、}\\\text{方式、数量、}\\\text{时间、空间}\end{array}\right\}\text{动作}+\left.\begin{array}{l}\text{数量}\\\text{性状}\end{array}\right\}\left.\begin{array}{l}\text{关系}\\\text{对象}\\\text{关系}\\\text{事项}\end{array}\right\}+\begin{array}{l}\text{目的}\\\text{结果}\end{array}$$

词典释义分析法可用来分析同义词,如符淮青(1985:122)所举的"颁布—公布"的例子:

  颁布 (政府)公布(法令、条例)
  公布 (政府、机关、团体)公开发布(法律、命令、文告、通知)

二词相同之处是均表"公开发布",施事均可为政府,受事均可为法令、法律、命令等。不同之处是,"公布"的施事还可为"机关、团体"等,受事还可为"文告、通知"等。

根据词典释义获取义素和词义需注意:①选质优的语文词典;②词典中有的释义是从编纂、排印、使用的角度考虑的,与义位不尽相符或者无关,分析义位时不要受这些因素的干扰;读者肯定可以想到的内容,释义中有时就略去了,分析词义时要把略去的内容考虑进去;③如果发现词典在释义上有什么缺点,不必迁就;④利用一部词典分解词义遇到困难时,可参照其他词典。(贾彦德,1999:72)

有的研究者对此分析法提出批评,如,苏宝荣(2000:194)认为词典释义分析法"倒果为因",词义分析的目的"主要在于为辞书的准确释义提供基础,对于目前已经比较准确释义的词义,我们对其进行词义分析的现实意义是不大的;而对大量尚未释义或释义不确的词义,我们又如何以'词典的释义为基础'呢?"

从逻辑上讲,应当先对词义有一定的认识才可能形成词典释义,但前人对词义的认识集中体现于优秀的词典，今人实不必从零开始分析词义，参阅相关词典、吸收前人成果是必需的。同义词辨析除了可参考语文词典的释义，还可参考同义词词典的辨析，只是不要把它当作对词义和词义间异同的标准认识即可。

2.3.5 语境分析法

语境分析法主要是通过上下文语境尤其是词语所在语句进行词义分析，即通过词的使用获取词的意义。

王宁（1996：37）将词的存在状态分为"储存状态"和"使用状态"。词在储存状态中的意义是"储存义"，包含了语言使用者对该词"所标识的事物全部的共同认识和感情，包含了全民统一的对于这个词命名的事物的各种经验，所以，它大部分是多义的，又是广义的"。词典中的被释词和释词均处于储存状态。词在使用状态中的意义是"使用义"，这样的词是"个人言语中的词，它活动在说话或作文者的口中或笔下，进入到一定的语言环境中。……不但有固定的含义而免除了词的多义性，还有了具体所指，免除了词的广义性。它还带有了说话者个人希望展示的具体的情感和形象的体验"。语句中的词语均处于使用状态。"储存义"是"使用义"的抽象、概括，通过"使用义"才能获知"储存义"。王宁对词的两种不同存在状态的区分指明了"义"和"用"的关系。

现代汉语同义词辨析对语境分析法格外重视，研究者们常将语境分析法和替换、对比结合起来。如，张志毅（1980）指出要注意在具体语言环境中运用置换试验比较同义词间的差别。符淮青（1985：126）指出同义词辨析重要的一步就是在目标词所处的不同句法位置上比较它和其他词语结合的情况，并指出对比中"互相替换的试验是主要方法"。黄伯荣、廖序东（1997上册：285-286）也谈到同义词辨析的第一步是搜集语例，第二步即互相替换。

阐述同义词辨析的步骤时，很多研究者讨论的实则是语境分析法辨析同义词的步骤，而自动忽略了其他方法。如，张志毅（1980）详述运用"归纳法"辨析同义词的三个步骤：①广泛搜集语料；②归纳异同，"从语言事实材料里，归纳同义词的差别"；③验证，"回到语言实践中去，一一检查每项归纳的正确性"。符淮青（1985：121-127）认为同义词辨析可以：①对比其所充当的句子成分；②对比词语搭配；

③进行词义对比。黄伯荣、廖序东（1997 上册：285 - 286）提出辨析同义词的具体步骤是：①尽可能搜集包含目标词的句子或短语；②互相替换；③对种种替换情况进行分类和概括说明，指出同义词在哪些方面有差别。池昌海（1999）提出使用"类比"和"归纳"的方法辨析同义词的具体步骤：①找出"词语的所有典型用例"；②"运用替换的方式初步确定这些词的同义资格。与此同时，在对每个词语在典型例句中的特征进行概括的基础上（得出的词义特征称聚合特征），我们还要对不同词语的例句在可替换或不可替换的情形中找寻其存在的同和异（得出的特征称组合特征）"；③"对前面得出的词义聚合特征和词义组合特征进行细致地归纳，按一定秩序梳理出该组同义词语间的差异"。张占山（2006）提出"对谓词同义词的辨析应按照句法功能、语义组合关系（语义角色关系）、语义属性三个优先性由大到小的层级进行"，也是基于对词语使用的考察。

2.3.6 基本原理及对同义度研究的适用性

上述词义分析方法的原理有：①借助词的其他属性获取词义，如形训法、声训法分别通过形、音获取意义，词素分析法通过复合词的结构和词素义获取词义；②通过构成成分获取整体词义，如义素分析法；③借助已有研究成果，如词典释义分析法；④通过语用获取语义，如语境分析法。其中，通过语用获取语义，是词义分析方法应当遵循的基本原则。语言使用者将一个词以怎样的意义进行交际，只能通过语言使用者对词的使用来观察。历时溯源法、词素分析法、义素分析法、词典释义分析法等方法归根结底不能离开对词语使用的考察，如果脱离对词语使用的考察，往往会得出一些经不起语言实践检验的主观结论。

上述词义分析方法并不符合理想的同义度分析方法应有的特点。历时溯源法只适用于分析有清晰本源义或本源义潜隐于词义的词语，词素分析法常用来分析含有相同词素的复音词，这两种方法只能得到理性意义某一方面的特点，而不能全面获取词语的理性意义，因而无法用来分析同义词间的全部差异。义素分析法常用来分析名词或表示具体动作的动词，不适用于所有的动词或大多数动词。词典释义只能作为参考，不能作为标准。目前的语境分析法操作性不强，有待进一步细化。

通过分析词语的使用获取词义，是词义分析的基本原理和方法，也是我们的研究应当采取的路子。目前常用的理性意义的分析方法"历时溯源法""词素分析法""义素分析法""词典释义分析法"对同义度研究的适用程度不高,不能作为同义度研究的主要分析方法,只能作为辅助的、补充性的方法。本书主要使用的是框架语义学的词义分析方法。

2.4 框架语义学的词语分析方法

框架语义学是认知语言学[①]的一个分支,最早由加州大学伯克利分校语言学系教授 Charles J. Fillmore[②]1976 年在格语法的基础上提出,有研究者认为框架语义学可以看作是格语法的第三阶段(张建理,2000;冯志伟,2006;陶明忠、马玉蕾,2008)。格语法关注词语之间的语义关系,对语言研究和自然语言处理发挥了很大作用,它试图建立具有普适性的"格"来表示语义关系,但几十年的实践表明,这一目标到目前为止都难以实现,总有新的题元角色、语义关系出现冲击已建立的体系,以至很难说清楚到底有多少个题元角色。所以,Fillmore 和他带领的团队逐渐放弃了建立普适性的语义角色体系的想法,转而对动词进行较为具体的语义角色即框架元素的分析[③],这就是框架语义学。框架语义学研究的实践产物是在线英语词汇资源——FrameNet(框架网络,网

---

① 认知语言学是 20 世纪 70 年代末、80 年代初兴起的一种新的语言研究理论,其哲学基础是体验哲学,认为心智和思维产生于人跟外部世界的相互作用,在相互作用的过程中,人获得关于世界和自身的各种体验,这种获得体验的能力就是人的认知能力。语言能力依附于人的一般认知能力,并非独立起作用。相应地,语言也不是一个独立的模块、自足的系统,需要参照语言使用者的认知过程才能得以描述。认知语言学认为,表达式的意义涉及词汇和人脑间的关系,而非词汇和世界间的直接关系。要完全解释一个词的意义,不能单纯考察现实经验,还要考察认知这个中间过程。

② Fillmore(菲尔墨)教授的研究涉及词汇、语义、句法和文本理解等多个领域,主要集中在句法和词汇语义上。他的研究强调意义的重要性及意义对句法和形态的制约作用。他是认知语言学的奠基人之一,1968 年创立了格语法,1976 年创立了框架语义学,他早期和 Paul Kay、George Lakoff 进行的合作研究被概括为构式语法理论。(笔者编译自加州大学伯克利分校语言学系网站及维基百科对其的介绍)

③ 这样必须面对另一个问题:框架元素因和具体情景对应,所以和普适性的语义角色相比,它们更为具体,数量更为庞大,这不符合完美的理论体系应当具有的经济特征。但 FrameNet 的开发者们认为把具体的框架元素对应到较为抽象的语义角色上比较容易实现,但反之,将普适性的语义角色具体化为某一框架的框架元素却很难操作。因此,框架语义学既可避免"到底有多少个语义角色"这样的目前根本无力解决的问题,又便于日后将框架元素概括、减少到合理数量。

址为 http://framenet.icsi.berkeley.edu/)。

2.4.1 术语介绍

在介绍框架语义学的词语分析方法之前，先对一些重要术语的含义进行说明。

"框架"（Frame），是对某一类型的事件、关系、实体和其中的参与者的概括描述，它包括参与者、工具和其他组成成分，这些组成成分就是框架元素（Frame Element，简写作 FE）。如，"烹饪"事件通常包括烹饪的人（烹饪者）、被烹饪的食物（食物）、烹饪时盛食物的东西（容器）、热量来源（加热工具）。FrameNet 将"烹饪"事件概括为"应用_热能"框架，烹饪者、食物、容器、加热工具就是组成"应用_热能"框架的框架元素。有些框架比"应用_热能"框架更为复杂，包含的框架元素数量更多；有的框架较为简单，包含的框架元素数量更少。大多数词语的意义都可以通过框架得到充分的理解。

"词元"（Lexical Unit），指的是一个词形及其一个意义组配成的语言单位。多词单位（如 given name 教名；do away with sth. 摆脱某事物、废除某事物）、连字符词（如 dog-eared 书翻旧而页角折卷的；double-check 复查、审核）、固定表达（如 middle of nowhere 远离城镇的地方；give a slip 摆脱或避开）等均被 FrameNet 作为一个词元分析。多义词被作为多个词元来分析，而词典中的单义词如果有多个词元义，也会被作为多个词元来分析。

"激活"（evoke），常用如"词元激活框架""激活某框架的词元""框架被词元激活""被词元激活的某框架"。词元所在的框架是不可见的，也不像词语那样可以被组成句子用于言语交际，它们潜隐于语言使用者的大脑中。如果要使用一个词或理解一个词的意思，必须将潜隐于大脑中的该词所代表的情景和所在的框架"激活"。

"例显"（instantiate），常用如"短语例显框架元素""例显某框架元素的短语""由短语例显的某框架元素"。词元所激活的框架是对某一类型的情景的概括，框架元素是情景的组成成分，而在词语所组成的句子中，谓词的附属成分是对框架元素的实例化，所以说短语"例显"框架元素。

2.4.2 分析对象

框架语义学的分析对象是词元，但并非所有的词元都可以激活自己的框架。激活框架的多为动词，事件名词和形容词也可以激活框架，例显 FE 的则多是谓词的附属成分。将 Josef Ruppenhofer, et al.（2010：6）对动词词元所在语例进行的框架分析摘译如下。

（2-7）[*Cook* Matilde] FIRED [*Food* the catfish] [*Heating_instrument* in a heavy iron skillet].

[烹任者玛蒂尔德]烧了[食物鲶鱼][加热工具用一个厚铁煎锅]。①

Fire 激活了"应用_热能"框架，此框架由 bake（烤）、blanch（用沸水煮白）、boil（用开水煮）、broil（用火烤）、brown（使某物变成褐色）、simmer（炖）、steam（蒸煮）等词所激活。

（2-8）[*Item* Colgate's Stock] ROSE [*Difference* $3.64] [*Final_value* to $49.94].

[物高露洁股票]涨了[量差3.64美元]后[终值至49.94美元]。

Rise 激活的是"改变_量度位置"框架，该框架有"物""动因""初值""终值"等框架元素，被 decline（下降）、decrease（减少）、gain（增加）、plummet（骤跌）、rise（涨）等词激活。

普通名词在句子中通常作动词的附属成分，很少能清晰地激活自己的框架。分析这些名词的主要目的是确认管辖它们所处的短语的谓词是什么，从而确定这些名词在该谓词所激活的框架中例显框架元素的方式。由于普通名词激活的框架在语句中很少起主导作用，所以很少被作为目标词分析。

2.4.3 操作方法

框架语义学对词语进行的分析，不是逐词进行的，而是逐个框架进

---

① 这是英语例子的汉语对译，由于语言差异，对译的汉语句子不一定符合汉语的表达习惯。英语目标动词在英语中激活的框架和它对应的汉语词在汉语中激活的框架也不一定相同。

行的。激活同一框架的词语放在一起分析，使框架的建立和词语语义、语法特征的确认互相验证，避免了孤立分析单个词语的弊端。用框架语义学的方法分析词义的关键是确定词语激活的框架及其框架元素。框架的确定和框架元素的确定是一个互动的过程。（Josef Ruppenhofer, et al., 2010）

　　确立框架时，首先根据母语者对词元所代表的情景的内省判断[①]建立一个假设框架。如果母语者认为某些词语代表相同的情景，就把它们置于该假设框架，然后分析这些词语所处的语句。如果能用一些相同的框架元素标示语句中与这些待定词语共现的短语，它们激活的就是一个框架。如果其中的某些词语不能用这些相同的框架元素标示，就将它们移出该假设框架；如果之前没有被放入该假设框架的词语可以用这些框架元素标示，就将它们加进来。多次重复这样的过程就建立起一个完整的框架。如果事件名词和部分形容词所代表的情景和动词相同、可用相同框架元素标示共现的短语，那么它们与动词激活的就是同一个框架。激活同一框架的词元，框架元素的数量、基本语义特征和其间的语义关系必须大致相同。

　　框架元素是从词元所处的语句中归纳出来的。分析和目标词有语法关系的短语传达的各种信息，用一些标签标注这些不同的信息。如，表达 Revenge（复仇）这个概念的词语有 revenge, avenge, retribution 等，考察它们所处的语句可以发现，句中有些短语表示向他人实施复仇行为的"复仇者"，有些短语表示复仇行为的受害者，而复仇行为的受害者同时也是此前对"复仇者"采取不当行为的"冒犯者"，有些短语表示复仇行为采取的"报复行为"，等等。"复仇者""冒犯者""报复行为"等标签能够标示"复仇"类所有词语所处的语句中和目标词相关的短语，这样就可以确定"复仇"框架的框架元素有"复仇者""冒犯者""报复行为"等。

　　框架元素对于框架的重要程度不同。"复仇者""冒犯者""报复行为"等框架元素是"复仇"情景不同于其他情景的核心部分，减少或改换它们中的一个或几个，"复仇"框架就不再是"复仇"框架了。这

[①] 正如崔希亮（2002）所指出的那样，"内省是认知语言学最重要的方法"。框架语义学确立框架时虽然借助研究者的内省判断，但更重要的是以词语使用实例为准，确定词语的意义和用法，这即属崔希亮（2002）所列内省法参证分析方法中的"话语的数据分析"。

样的对框架确立至关重要的框架元素叫作"核心框架元素"(Core Frame Element)。"复仇"类词语所处的语句,还有表示复仇的时间、地点、方式等的短语,这些短语例显的 FE 并不是"复仇"框架独有的,叫作"非核心框架元素"(Peripheral Frame Element)。还有一些短语和目标词激活的框架无关,如"你不应该因为同一件事报复他两次"中的"两次"表示复仇行为的次数,但和"复仇"框架无关,而是属于"反复"框架。这样的 FE 对其所在的任何语句的任何目标词激活的框架而言都是一样的,称为"超主题框架元素(Extra-thematic Frame Element)"。

2.4.4 分析结果

FrameNet 对一个词元的分析结果包括"框架""词条报告""语例阐释"三部分,以动词 quarrel(to have an angry argument or disagreement,《牛津高阶英汉双解词典》第 7 版)为例,来看 FrameNet 对词元的分析结果。

第一部分,"框架"部分展示了词元所激活的框架、框架元素的类型(核心 FE、非核心 FE 等)和含义、与其他框架之间的关系、激活此框架的其他词元。quarrel 激活的是 Quarrelling 框架,即一群"争吵者"(有时也可以表达为"争吵者1"和"争吵者2"[①])对某一"话题"表达不相容的观点。框架元素的类型和含义具体如表 2-4 所示。激活 Quarrelling 框架的其他词元有 altercation、argue、argument、bicker、bickering、disagreement、disputation、dispute、fight(n./v.)[②]、quarrel(n./v.)、quibble、row(n./v.)、spat、squabble(n./v.)、tiff、wrangle(n./v.)、wrangling。

---

① "争吵"类词是交互动词,即"在语义上要由两个方面或两个方面以上的人或物同时参与,且至少有两个事物之间存在对等动作关系才能实现或实施的动词"(张谊生,1997;徐峰,1998)。交互动词的一个特点是,两个方面的人或物在语言表达中可分可合。如"争吵"类词语,"争吵者"有时由无法区分开争吵双方的一个短语例显,有时可以区分开争吵双方的一个短语例显,有时由两个短语分别例显争吵的双方。

② 框架语义学认为,动词和名词可以激活同一个框架。

表 2-4 Quarrelling 框架的框架元素 ①

Core	核心框架元素
Arguer1〔Arg1〕 A person who is arguing with Arguer2. Requires: Arguer2 Excludes: Arguers	争吵者 1： 参与争吵的一方（可与"争吵者 2"共现，不与"争吵者们"共现）
Arguer2〔Arg2〕 The person who is being argued with by Arguer1. Requires: Arguer1 Excludes: Arguers Why are you ARGUING〔arg2 with us〕？	争吵者 2： 参与争吵的另一方（可与"争吵者 1"共现，不与"争吵者们"共现） 你为什么〔争吵者2跟我们〕吵？
Arguers〔Args〕 A group of people in an argument.	争吵者们： 参与争吵的一群人
Issue〔Iss〕 The thing that the Arguers are arguing over or about.	话题： 争吵的话题
Non-Core	**非核心框架元素**
Amount_of_discussion ②〔amo〕 The degree to which the argument has been finished. If you don't believe me now, we'll just have to ARGUE it〔amo out〕.	程度： 争吵完成的程度 如果你现在还不相信我，我们只能把这个问题辩〔程度清楚〕。
Depictive〔Dep〕 A state of the Arguers, Arguer1, or Arguer2 which saliently affects the perception of the action.	描写： 显著影响对争吵感知的争吵者的状态

---

① 网址为 https://framenet2.icsi.berkeley.edu/fnReports/data/frameIndex.xml? frame = Quarrelling，时间为 2014 - 7 - 3。

② Quarrelling 框架继承于 Discussion（讨论）框架，所以说"Amount_of_discussion"。

Non-Core	非核心框架元素
Duration [Dur] The amount of time that the Arguers spend in the altercation. Semantic Type: Duration	持续时间： 争吵持续的时间
Frequency [Freq] The frequency with which the Arguers have a disagreement.	频率： 争吵发生的频率
Manner [Man] A description of the dispute which is not covered by more specific FEs, including secondary effects (quietly, loudly), and general descriptions comparing events (the same way). It may also indicate salient characteristics of the Arguers that affect the action (presumptuously, coldly, deliberately, eagerly, carefully). Semantic Type: Manner They SQUABBLED [man heatedly] long into the night.	方式： 指没有其他框架元素描写的争吵的特点，包括继发效应（如，安静地或大声地）和对比的特点（如，以同样的方式）。也可以表示影响争吵的争吵者的突出特点（如，"放肆地""冷静地""渴望地""谨慎地"） 他们为琐事 [方式激动地] 吵到半夜。
Means [Mns] The action that the Arguers perform in order to quarrel with each other. Semantic Type: State_of_affairs	方法： 争吵者为争吵做出的行动
Medium [Med] The equipment, language, or other entity that the Arguers use to pursue their argument. When they couldn't get together, they BICKERED [med over the phone]. Having them SQUABBLE [med in french] is better than if I understood it.	媒介： "争吵者"用来争吵的设备、语言或其他媒介。 不在一起时，他们 [媒介通过电话] 吵架。 让他们 [媒介用法语] 斗嘴好了，如果我懂法语。

续表

Non-Core	非核心框架元素
Place [pla] The location at which the Arguers quarrel Semantic Type: Locative_relation	地方: 争吵者争吵的地方
Purpose [pur] The state-of-affairs that the Arguers or Arguer1 hope to bring about. Semantic Type: State_of_affairs	目的: 争吵者希望带来的结果
Time [tim] The time when the argument takes place. Semantic Type: Time	时间: 争吵发生的时间

  第二部分,"词条报告"(Lexical Entry Report)包括词元的词性、框架、释义、框架元素的句法表现(Frame Elements and Their Syntactic Realizations)和配用方式(Valence Patterns)。"框架元素的句法表现"包括框架元素在语料库中例显的次数、例显框架元素的短语的类型(Phrase Type)和语法功能(Grammar Function)等信息。在目标词所处的某一个语句中,可能它的 FE 不会全部被例显,而只有部分 FE 被例显。"框架元素的配用方式"指的就是一个框架的诸多 FE 中的哪些可以在一个句子中共现、由什么样的短语例显。动词 quarrel 的框架元素的句法表现和配用方式分别见表 2-5、2-6。① "句法表现"和"配用方式"都提供了语例链接,它们的语例是同一批。限于篇幅,一种情况我们只列举一条语例,在表 2-5、2-6 最右侧一列标出例句编号,例句详见表后。

---

  ① 网址为 https://framenet2.icsi.berkeley.edu/fnReports/data/lu/lu8922.xml?mode=lexentry,时间是 2014-7-3。

表 2-5 quarrel 的框架元素的句法表现

框架元素	句法表现	例句
争吵者 1	NP. Ext① (7) 由名词短语例显，外部论元（在 7 条语例中出现）	(2-9)
争吵者 2	DNI.—② (1) 有定零形式（在 1 条语例中出现）	(2-10)
	NP. Dep ③ (1) 由名词短语例显，附属成分（在 1 条语例中出现）	(2-9)
	PP④ [with]. Dep (6) 由 with 构成的介词短语例显，附属成分（在 6 条语例中出现）	(2-11)
争吵者们	NP. Ext (13) 由名词短语例显，外部论元（在 13 条语例中出现）	(2-12)
持续时间	AVP. Dep (1) 由副词短语例显，附属成分（在 1 条语例中出现）	(2-13)
话题	DNI.— (9) 有定零形式（在 9 条语例中出现）	(2-14)
	INI.⑤— (2) 无定零形式（在 2 条语例中出现）	(2-13)

① Ext 是 External Argument（外部论元）的缩写，指的是不在目标词管辖的最大短语范围内但在功能上和目标词相关的短语。简单地说，就是该短语在句中例显目标词的框架元素，但不在目标词的管辖范围内。如，谓词的主语（他们争论今天到底会不会下雨）、目标动词在句中不作谓词时的动作发出者（他们试图争论清楚这个问题）等。

② 有时，某个 FE 在句子中没有被词语或短语例显出来，但语言使用者能够很明显地感觉到这个 FE 的存在。FrameNet 用 Null Instantiation（零形式）表示这种情况。DNI 即 Definite Null Instantiation（有定零形式），指的是上下文可以表明没有被例显的是什么、是谁、是哪个。如，他不想和你发生争执，和你争执他会受罚。后一小句"争执"的核心 FE "争吵者 2"在小句中由"你"例显，"争吵者 1"在小句中没有词语或短语例显，但说话者和听话者都明显感觉到有"争执者 1"的存在，且通过上下文可知"争执者 1"是上一小句的主语"他"。NI 的语法功能不再标示，用"—"占位。

③ Dep 是 Dependent（附属成分）的缩写，指陈述句中出现在管辖它的动词、形容词或名词后的副词、介词短语、动词短语、小句等。

④ PP 即 Prepositional Phrase（介词短语），PP [with]、PP [about]、PP [over]、PP [to] 分别是由 with、about、over、to 组成的介词短语。

⑤ INI 即 Indefinite Null Instantiation（无定零形式），指的是像吃、喝之类的及物动词被缺省的附属成分，这些成分的所指根据经验可以得到一个大概的范围，但无法像 DNI 那样根据上下文获得十分明确的所指。如"他昨天喝高了"，动词"喝"的 FE "饮料"在句中没有短语例显，根据经验我们知道当为酒精饮料，但无法由上下文准确获知是哪种酒精饮料。

续表

框架元素	句法表现	例句
话题	PP［about］.Dep（6） 由介词 about 组成的短语例显，附属成分（在6条语例中出现）	(2-12)
	NP.Dep（1） 由名词短语例显，附属成分（在1条语例中出现）	(2-12)
	PP［over］.Dep（2） 由介词 over 组成的短语例显，附属成分（在2条语例中出现）	(2-15)
	PP［to］.Dep（1） 由介词 to 组成的短语例显，附属成分（在1条语例中出现）	(2-16)①
方式	AVP.Dep（3） 由副词短语例显，附属成分（在3条语例中出现）	(2-14)

表 2-6　quarrel 的框架元素的配用方式

语例数量	配用方式				例句
1 (1)	争吵者1 NP Ext	争吵者2 NP Dep	争吵者2 PP［with］ Dep	话题 INI	(2-9)
5 (5)	争吵者1 NP Ext	争吵者2 PP［with］ Dep	话题 DNI —		(2-11)
1 (1)	争吵者1 NP Ext	争吵者2 DNI —	话题 DNI —	方式 AVP Dep	(2-10)
1 (1)	争吵者们 NP Ext	争吵者们 NP Ext	话题 PP［about］ Dep		(2-17)
1 (1)	争吵者们 NP Ext	持续时间 ADP Dep	话题 INI —		(2-13)

---

① 这是 FrameNet 给出的例句，但"话题"并非由 to 短语例显，而是由 about 短语例显，当为疏失。

续表

语例数量	配用方式				例句
8	争吵者们	话题			
(1)	NP Ext	DNI —			(2-18)
(4)	NP Ext	PP [about] Dep			(2-19)
(2)	NP Ext	PP [over] Dep			(2-15)
(1)	NP Ext	PP [to] Dep			(2-16)
1	争吵者们	话题	话题		
(1)	NP Ext	NP Dep	PP [about] Dep		(2-12)
2	争吵者们	话题	方式		
(2)	NP Ext	DNI —	AVP Dep		(2-14)

下面是相应的语例。①

(2-9) [Arg1 She] needs [Arg2 someone of her own age] to talk with —— maybe even to QUARREL [Arg2 with] at times.

[争吵者1 她] 需要时不时 [争吵者2 和同龄人] 交流——甚至争吵。

(2-10) [Arg1 She] had pleaded, cajoled and QUARRELLED [Man violently] as she tried to win the Prince's assistance.

当 [争吵者1 她] 想得到王子的帮助时,她乞求、哄骗甚至 [方式 激烈地] 争吵。

(2-11) [Arg1 Miranda], not wishing to QUARREL [Arg2 with Adam], did not pursue her argument.

---

① FrameNet 以不同的颜色突出显示例显框架元素的短语,我们直接在语例上标示。

[争吵者1米兰达]不想[争吵者2和亚当]争吵，就没有继续辩论。

(2-12) [Iss What] do [Args they] QUARREL [Iss about]?

[争吵者们他们]在吵[话题什么]？

(2-13) When [Args children] QUARREL [Dur excessively] there is something going badly wrong with their interactions and relationships, since few of us really enjoy arguing and fighting.

[争吵者们孩子们][持续时间持续地]争吵时，他们之间的互动和关系就出现了严重的问题，因为我们没有谁想吵架、打架。

(2-14) [Args They] QUARRELLED [Man fiercely], spitting at each other across our laps.

[争吵者们他们]争吵[方式激烈]，隔着我们唇枪舌剑。

(2-15) [Args They] may be prone to arguments and QUARREL [Iss over any imagined offence].

[争吵者们他们]极易[话题对任何臆想的冒犯]展开争论、争吵。

(2-16) In the flat below, [Args a teenage couple] QUARRELLED [Iss about whether it was safe to leave the baby and go down to the pub].

楼下，[争吵者们一对年轻夫妇]在争吵[话题他们去酒吧而把孩子留在家是否安全]。

(2-17) It is sad when [Args sisters and brothers who have been on good terms] QUARREL [Iss about who gets what], whether the reasons for wanting a particular item are commercial or sentimental.

看到[争吵者们关系一直很好的兄弟姐妹之间][话题为谁得到了什么]而争吵是很可悲的，不管是为了得到物质上的什么东西还是精神上的。

(2-18) I mean you nothing but good, why should [Args we] QUARREL?

我是说你很好，那[争吵者们我们]为什么还要争吵呢？

(2-19) [Args They] QUARRELLED [Iss about art].
[争吵者们他们] [话题为艺术] 而争吵。

第三部分，"语例阐释"主要举例展示例显框架元素的短语的类型，是第二部分"词条报告"中链接的语例的平面化展示，不再赘述。

2.4.5 对同义度研究的适用性

2.4.5.1 符合理想的同义度分析方法应有的特征

框架语义学方法符合理想的同义度分析方法的三个特征。

第一，框架语义学方法能够用来分析单音词和复音词、同素词和不同素词等特点各异的同义动词，适用范围广。

第二，框架语义学方法遵循通过语用获取词义的基本原理，基于词语的使用对词语的意义进行分析，具有较为固定的操作程序，能够分析的语料更全面，研究基础更牢固。

1. 能够分析目标动词所有句法功能的语料

不论动词在句中充当什么句法成分，框架语义学方法都能对其进行分析。汉语的词类和句法功能不对应，动词可以充当多种句法成分，具有不同的句法功能。对于动词充当"非典型"的句法成分的语例，框架语义学方法同样可以分析。例如，"交界"是动词，它所充当的典型句法成分是谓语，但语料库中有不少"交界"用如名词、充当宾语的语例，例如：

(2-20) 路遥的家乡在榆林与延安地区的<u>交界</u>清涧县王家堡村。
(2-21) 菏泽市地处苏、鲁、豫、皖四省<u>交界</u>。（笔者例）

使用框架语义学方法，可以分析"交界"作为动词的语例，也可以分析用如名词的语例。《现汉》用"交界"释"搭界❶""接界""接境""接壤"，将"交界"释为"两地相连，有共同的疆界"，但"交界"还可以指"两地疆界相交的地方"。用如名词正是"交界"和它的四个被释词的重要差异之一。

2. 能够分析框架元素空示的语料

框架语义学对于框架元素空示的语例予以分析并将零形式分出不同类型。除 DNI（有定零形式）和 INI（无定零形式）外，还有一种是 Constructional Null Instantiation（CNI，结构零形式），指的是目标词所处语句的语法结构造成的零形式，如祈使句省略的主语、被动句省略的施事等。

汉语句子成分多有承上应下的省略，分析 FE 空示的语例符合汉语意合的特点，而 FE 空示比重的不同也是同义词的一个差异方面。如，同义词"打猎"和"狩猎"，"打猎"的框架元素"打猎者"多例显，"狩猎"多不例显，说明"打猎"多指捕猎的具体活动，"狩猎"多指这种现象或行为。（详见 4.2.1）

3. 能够分析各种语域的语料

FrameNet 的研究者设定框架语义学的分析方法可分析所有类型的语料：口语语体或书面语体、日常会话或政论演讲、学术论文或新闻标题等。使用框架语义学的词语分析方法不必对语料的语域加以限制，这样能揭示更真实的词语意义和用法。如，"闲话"多用如书名、文章等的标题，框架语义学分析方法并不因为词语在标题中的用法有特殊性就不予分析，而是将此作为词语用法的独特之处。

第三，框架语义学方法能够全面获取词语理性意义，获取的目标词的特征准确而丰富。

1. 对核心框架元素的分析能够获取词语独特的语义特点

核心 FE 的确定建立在对词语用例全面分析的基础上，能探及每个词语的特性。如动词"隐藏"，用框架语义学方法分析，发现它激活了"隐藏_物"和"主体_隐藏"框架。"隐藏_物"框架指的是某人把某物藏在某处，核心 FE 有"隐藏者""被隐藏项"和"处所"；"主体_隐藏"框架指的是某人或某物主动藏在某处，核心 FE 有"主体"和"处所"。例如：

(2-22) [隐藏者我] 对这个报告的印象极为深刻，一直 [被隐藏项把它] 隐藏 [处所在内心里]。（隐藏者+被隐藏项+处所）

(2-23) [隐藏者他] [被隐藏项把畸形的身体所引起的喜悦] 隐藏 [处所在心底深处]。（隐藏者+被隐藏项+处所）

(2-24) [处所在这柔美虚弱的外形里]，却隐藏着 [主体一个多么刚强，多么执拗的灵魂] 呀！（主体+处所）

(2-25) [主体两个人] ……隐藏 [处所到路边树林里]。（主体+处所）

如果用题元角色理论分析，能得到"隐藏"的语义角色有"施事""受事""处所""工具"等，分析的重点一般放在核心语义角色"施事""受事"上，分析不到非核心语义角色"处所"对于"隐藏"类动词的特殊性。"处所"是"隐藏"的核心 FE，要弄清"隐藏"的意义和用法，必须分析这个 FE。框架语义学方法因有较强的针对性，故能探及词语独特的语义特点。

2. 对非核心框架元素的分析能够获取词语细微的语义特征

框架语义学分析词语，分析目标词独特的核心 FE，也分析非核心 FE，确保将词语的用法和意义描写全面。有些同义词的差异就体现在非核心 FE 上。如，"踊跃❶—跳跃"均表示"腿上用力，使身体突然离开所在的地方"①，激活了"跳跃"框架。"踊跃❶"在现代汉语中的使用频率极低，语料库中没有用例，不过很多语例中的"跳跃"都可以换成"踊跃"。例如：

（2-26）我跟着大家欢呼<u>跳跃</u>，跟着大家一道流泪。

（2-27）观赛的男男女女、老老少少有<u>座位</u>而不<u>坐</u>，置寒冷于不顾，欢呼<u>跳跃</u>、鼓掌呐喊。

但有些语例中的"跳跃"却不宜换成"踊跃"。例如：

（2-28）前边一个高大的人，一声不响，光着膀子，疯狂地横冲直撞，扫射着，<u>跳跃</u>着，向前飞奔。

（2-29）斑羚虽有肌腱发达的 4 条长腿，极善<u>跳跃</u>……

对比"踊跃""跳跃"可以替换和不能替换的语境发现，二词差异在于非核心 FE"移动向度"凸显的侧面不同。"跳跃"和"踊跃"的FE"移动向度"都有上下和水平两种，但"跳跃"凸显水平的向度，"踊跃"凸显上下的向度。② 分析非核心 FE 有助于发掘同义词更细微的语义差异。

3. 能够发掘一个词语激活的不同框架或词元义

框架语义学分析方法对词语用例进行全面、细致考察，可以发现一个词元激活的不同框架或词元义。如，"牵挂—挂念"均指"放心不

---

① 《现汉》用"跳❶"对释"跳跃"，这是"跳❶"的释文。
② 另外，"跳跃"有比喻用法，"踊跃"没有。例如：
　（1）诗人的思维往往不遵循正常逻辑，其表现形式亦有<u>跳跃</u>，有浓缩。
　（2）市政府领导对任务细化分解，深入基层狠抓落实，促进全市经济出现<u>跳跃</u>式发展的势头。
同义组的"蹦高"也没有比喻用法。语体色彩上，"踊跃"书面语色彩浓厚，"蹦高"口语色彩浓厚，"跳跃"通用于口语和书面语。

下"①，激活了"挂念"框架，指某人挂念某人、某物或某事，核心 FE 有"挂念者"和"被挂念项"。例如：

(2-30) [挂念者郭胜华] 始终牵挂着 [被挂念项故土]。

(2-31) [挂念者她] 最为牵挂的就是 [被挂念项一直支持和鼓励她的家人]。

(2-32) [挂念者他] ……挂念着 [被挂念项新疆各族人民的生活]。

(2-33) [挂念者小郭] 总是挂念着 [被挂念项这些农民兄弟]。

作为动词，"牵挂"另有"使放心不下；牵动"的意思，激活了"使_挂念"框架，核心 FE 有"牵动项"和"人心"。例如：

(2-34) [牵动项我国残疾人基金会成立，修复长城、集资办学、赞助十一届亚运会、江苏和安徽遭受特大洪灾等]，都牵挂了 [人心锦荣的心]。

(2-35) [牵动项一些特殊的群体、特殊的生命]，牵挂着 [人心公众的心]。——人民网

"牵挂"另有名词性词元义，指放心不下的人或事。例如：

(2-36) 另一个转折点是一八八七年父亲的去世，这样，他在英国最大的牵挂没有了。

(2-37) 我没有别的牵挂。

而"牵挂"的单一释词"挂念"仅激活了"挂念"框架，没有激活"使_挂念"框架，也没有名词性词元义。②

框架语义学分析方法由于上述优点，与其他词义分析方法相比，往

---

① 《现汉》将"挂念"释为"因想念而放心不下"。但语料显示，"挂念"的非核心 FE "原因"不一定是"想念"，由下文语例即可看出。

② 此外，"牵挂"的 FE "被挂念项"不能是小事、琐事，但"挂念"可以。例如：

(1) [挂念者她] ……挂念着 [被挂念项家务事]。

(2) 尤其小的时候，挂念的 [被挂念项事] 太多了：被老师没收的弹弓到底什么时候发还；快生产的母狗会生多少种颜色的小狗；断椰树干上的壁虎蛋不知道还在不在。

《现汉》用"挂念"对释"牵挂"不合适，也没有把"牵挂"的意义全部释出。"牵挂"释义可修订如下：【牵挂】❶动因不在身边而放心不下：爸爸妈妈嘱咐他在外面要好好工作，家里的事不用~。❷名因不在身边而放心不下的人或事：了无~｜孩子是父母最大的~。❸动使放心不下；牵动：7岁白血病患儿始终~着大家的心。

往更能揭示同义词差异的原因。如,《现代汉语同义词词典》(刘叔新,1987:525)辨析"休息"和"憩息",指出"休息"侧重于指把工作、学习或活动停下来,"憩息"突出不进行工作活动的安静状态。用框架语义学方法分析发现,"休息"的核心 FE"休息项"多为人或机器,"憩息"的"休息项"多为人,也可以是心。例如:

(2-38) [休息项同学们] 来不及休息,就投入到紧张的排练当中。(人)

(2-39) 就是机器吧,开了一天,也要关车,让 [休息项它] 休息休息啊!(机器)

(2-40) 把人民广场交给人民,让 [休息项老百姓] 可以到广场来游玩、憩息。(人)

(2-41) [休息项两颗流浪的心] 便在这里憩息下来。(心)

二词核心 FE"休息项"的语义范围有重合之处,也有独有的部分。"休息"的 FE"休息项"是劳作的、活动的,"休息"侧重于指停止劳作或活动而消除疲劳、恢复体力和脑力;"憩息"的 FE"休息项"不凸显这一特征,"憩息"侧重于指消除疲劳、恢复身心。二词核心 FE 的语义范围和语义特征不同,造成了二词的语义侧重点不同。

2.4.5.2 用于同义度研究的不足及解决方法

框架语义学词语分析方法虽有超出其他词义分析方法的长处,但并非尽善尽美。FrameNet 承认它有两点需要改进:一是对原型框架元素(Proto-frame elements)尚无明确的处理方法,二和主语选择结构(subject selection construction)相关。这两点不足和本书研究关系不大,暂不详述。国内研究者(如,吴志杰、王育平,2006;陶明忠、马玉蕾,2007 等)也讨论过框架语义学和 FrameNet 的不足。单就框架语义学方法用于词义分析而言,它至少有如下两点不足。

1. 框架的概括度存在一定的弹性

框架是通过研究者的内省和对语言材料的分析确立的,人们的认识基本能达成一致。但在怎样的概括度上确立框架,框架语义学没有明确说明,FrameNet 在操作上也存在不一致之处。如,FrameNet 对 Revenge(报复)、Rewards_and_punishments(奖惩)、Remembering_experience(记忆_经历)、Remembering_information(记忆_信息)四个框架的定义分别如下:

"报复"框架指对错误遭遇实施惩罚。由于此前"冒犯者"采取某行为或由于某种"伤害","复仇者"对"冒犯者"实施"惩罚"。实施"惩罚"的"复仇者"不一定是遭到"伤害"的"受害者",但"复仇者"和"受害者"都认为"冒犯者"的行为是错误的。

"奖惩"框架指由于某种"原因"、"被评判者"的行为或想法等,"施事"(即"奖励者"或"惩罚者")对"被评判者"进行"反馈"。奖惩的目的是鼓励或不鼓励某种行为或想法。激活此框架的词语预设已对"被评判者"进行评判且"被评判者"知晓,评判由"施事"或其代表进行。

"记忆_经历"框架指"经事"回想过去的"经历"或在过去经历基础上形成的对"对象"的"印象"。"经事"也可能回想"对象"处于特定"状态"。

"记忆_信息"框架指"经事"将事实保持在记忆中并能进行提取。

从框架所指的内容上来看,"报复"框架指"复仇"一种行为,"奖惩"框架包含"奖励"和"惩罚"两种行为,而"记忆"行为被分成"记忆_经历"和"记忆_信息"两类。表示"奖励"和"惩罚"的词语激活的框架归并为一个,是因为它们所在句子的附属短语可以用相同的一些框架元素标示,而表示"记忆"的词语被认为激活的情景不同而被确立为两个框架。四个框架所指的概念,并不在一个层面上。框架抽象到怎样的程度,具体到怎样的程度,除了受词语所表达的情景的影响,还受到了词语用法的影响,也不能完全排除研究者仁者见仁智者见智的主观因素。

2. 框架元素的数量和类型的确定存在一定的争议

一个框架有多少框架元素,哪些是核心框架元素,哪些是非核心框架元素,有时也可能存在一定的争议。如,FrameNet 认为"奖惩"框架的核心框架元素有"施事""被评判者"和"原因"。对于"原因"是不是此框架的核心框架元素,不同的研究者可能有不同的意见。

框架元素的确立和框架的确立是相关联的,对框架元素的判断不同可能会影响对框架的判断。如,FrameNet 认为"记忆_经历"框架的核心框架元素有"经事""经历""对象""印象""状态"。"经历"指经事曾经经历、现在回忆的事件,可以是非常明晰的事件,也可以是模糊的一段时间;"对象"指人或物;"印象"指经事赋予对象的特征;

"状态"指对象实际具有的特征。其中,"经历"和"对象""印象""状态"互斥,"印象"和"状态"互斥,FrameNet所给出的部分语例如下:

(2-42) I can still REMEMBER [Experience saying the pledge every morning before class in elementary school], a rare occurrence among elementary school kids nowadays.
(我仍能记得[经历上小学的时候每天上课前都要宣誓],这在现在的小学生中很少见了。)

(2-43) Today I saw a sister's exclassmate, and didn't recognise him, I REMEMBER [Salient entity him] [Impression taller].
(今天我看到了姐姐之前的一个同学,但我没认出他,我印象中[对象他][印象应该更高]。)

(2-44) [Salient entity Atulprasad] is principally REMEMBERED [State as a musician and composer].
(在人们的印象中,[对象Atulprasad]是[状态一个音乐家和作曲家]。)

"记忆_信息"框架的核心框架元素有"经事"和"记忆内容","记忆内容"由经事储存并可提取,来源于自己的经验、活动或别人的告知。"记忆内容"可以以限定分句或名词短语的形式例显。例如:

(2-45) I can't REMEMBER [Mental_content what DSP stands for].
(我不记得[记忆内容DSP代表什么]了。)

(2-46) I can't REMEMBER [Mental_content the meaning of DSP].
(我不记得[记忆内容DSP的意思]了。)

"记忆_信息"框架含有和"记忆_经历"的FE"对象"相似的框架元素,FrameNet命名为"话题",例如:

(2-47) The boy who suffered brain damage when he was hit by a vehicle while walking into school testified Friday [Cognizer he] REMEMBERS nothing [Topic about being hit].
(这个男孩儿在进学校的时候被一辆车撞倒,大脑受重伤,周五时声明说[话题关于被撞][经事他]什么都不记得了。)

(2-48) What do you REMEMBER [Topic about your grandma]?
([话题关于你奶奶]，你还记得什么?)

"记忆_信息"框架中的"话题"和"记忆_经历"框架中的"对象"并没有实质的区别。FrameNet 认为两个框架的不同之处在于，"记忆_信息"框架的 FE"记忆内容"是真实的，即是可靠的和准确的，并举了下面两对例子对比说明两个框架之异：

(2-49) 1a. I REMEMBER her as selfish——but I might be wrong.
（我记得她很自私，但可能记错了。)

(2-50) 1b. ?? I REMEMBER that she was selfish——but I might be wrong.
(?? 我记得：她很自私，但可能记错了。)

(2-51) 2a. Bill REMEMBERS her as smarter than she is.
（在比尔的记忆中，她很聪明，其实是比她实际更聪明。)

(2-52) 2b. *Bill REMEMBERS that she is smarter than she is.
(*在比尔的记忆中，她比她实际更聪明。)

FrameNet 认为两个 a 句属于"记忆_经历"框架，两个 b 句属于"记忆_信息"框架。两个 a 句，经事本身就认为自己的记忆内容是主观的、不一定准确，后半句再说"可能记错了""其实是比她实际更聪明"（即记得不准）和前半句并不矛盾。而两个 b 句的合法程度低于 a 句，因为在表达经事认为自己的记忆内容准确的同时表达了记忆可能不准确或确实不准确的意思，自相矛盾。这样的区分并不清晰，FrameNet 也说"记忆_信息"框架中的"记忆内容"用名词短语例显时，不易和"记忆_经历"框架仅出现 FE"对象"的语例区分开。

对于以上不足，我们的解决方法如下。

1. 保持一个同义组中的词语的框架概括度相同

框架语义学没有明确说明框架应在怎样的概括度上，我们也不追求确立的所有框架处于同一概括度。因为每个框架的确立是为了解决某组同义词有何异同的实际问题，以能揭示同义词间的全部差异为原则来确立框架。但尽量在一个同义组中保持框架的概括度相同，尽量避免框架概括度对同义度等级的影响。（本书同义度等级划分方案能够消融框架概括度不同所带来的问题，详见3.3.1.3。）

2. 遵循框架元素的确定宁细勿缺的原则

框架元素对于辨析同义词具有十分重要的作用，在框架元素的数量的确定上，我们尽量做到全面，遵循宁细勿缺的原则。框架元素的类型虽然反映了框架元素对框架不同的重要程度，但不论是核心框架元素还是非核心框架元素，它们对词语意义的影响是一样的。即便确定框架元素的类型可能存在不同意见，只要全面分析核心框架元素和非核心框架元素，就不会影响词义分析结果。

2.5 同义度的分析方法和流程

2.5.1 同义度的分析方法

2.5.1.1 以框架语义学方法为主

框架语义学词语分析方法对汉语动词意义分析、对比及同义度研究的适用性强，不足之处也能克服，因此本书分析动词理性意义以框架语义学的方法为主，研究范围内的所有目标词均先使用框架语义学方法进行分析。

不过我们和框架语义学的研究对象、研究目标都不同，我们的研究对象是同义词，框架语义学的研究对象往往是一种语言的词汇整体；我们的研究目的是分析汉语动词的意义、辨析其间异同，框架语义学的研究目的是要为每个词元建立语义—语法相组合的配用模式（document the range of semantic and syntactic combinatory possibilities-valences-of each word in each of its senses）。因此，使用框架语义学方法分析汉语动词同义度，需要进行一些调整。具体如下：

1. 关注和词义辨析有关的因素，不关注无关的因素

FrameNet对一个词元的描写非常详细，在"框架"部分描写了词元所激活的框架和框架元素的类型等，在"词条报告"部分描写了框架元素的句法表现和配用方式，在"语例阐释"部分对词元所处语句标注了框架元素。本书使用框架语义学方法是为了分析汉语动词的意义、辨析其间异同，因此我们关注的是和词义相关的框架、框架元素以及框架元素的配用方式，和词义无关的句法表现等

我们不再分析。

2. 关注研究词目中的同义组，不关注其他词语

FrameNet 试图建立英语词汇知识库，确定框架和属于该框架的所有词元，分析框架的关系。对于我们的目的而言，确定研究词目所激活的框架、判断同义动词所激活的框架是否相同、分析框架元素的差异即可，无需建立完整的框架，无需确认属于该框架的所有词元。

在框架的命名上，当一个同义组中所有词语激活的框架相同时，以共用的单一释词来命名这个框架，这样可以避免纠缠于和框架、框架元素无关的问题，框架的名称并不影响同义词的异同。如，"遏止""阻遏""阻拦"三词均以"阻止"为单一释词，分析它们所处的语句发现其中包含一些相同的短语"施阻项""被阻项""被阻行动"等，它们激活了同一个框架，以"阻止"命名这个框架。这时，以下两种情况不予考虑：

（1）如果对和"阻止"相关的其他词语，如"阻碍""阻隔""障碍"等进行分析，或许会发现它们激活的是同一框架，这时是否仍然适合以"阻止"来命名这个框架，不予考虑。

（2）对现代汉语所有词语进行框架分析之后建立的框架体系中或许有"阻止"框架，它和本书所说的"阻止"框架是否同质，不予考虑。

在框架元素的命名上，尽量突出和框架相关的独特性，但难以用独特的名称命名时，也会使用一些通用的题元角色，如"施事""受事""致事"等，但这些名称所代表的框架元素仅对其所在框架而言，在不同框架中所代表的一般不相同。

2.5.1.2 辅以其他词义分析方法

框架语义学方法是通过分析与动词共现的其他成分来获知动词意义的，从理论上讲，意义上的差异会带来使用上的差异，使用上的差异会反映出意义上的差异。但我们的语料由于是人工分析，数量有限，在目标语料范围内，可能会因同义词差异细微而出现共现成分无差异、仅依据语料无从辨知其异的情况。如果其他词义分析方法能提供同义词差异的线索，我们也会使用。

如，《现汉》用"起锚"释"起碇"，"起锚"指把锚拔起，船开始航行，"起碇"指把石碇拔起，船开始航行。二词的"船开始航行"义均是由"把系船的重物拔起"的动作转喻动作结果而来。在"船开

始航行"的意义上,目标语料库语例未显示二词有异。但可以设想,在系船的重物是石碇而非铁锚的语境中,用"起碇"比"起锚"更合适。二词的这一差异通过词素分析法可以明确获知。

有时用框架语义学方法,根据少量语料分析得出的结论可以和其他分析方法所得结论相互印证。如,"悬念❶—挂念"均指放心不下,激活了"挂念"框架,核心 FE 有"挂念者"和"被挂念项"。"挂念"的"被挂念项"可以是亲人,也可以是没有亲缘关系的其他人,还可以是事物或事情。例如:

(2-53) 还写信给野外的儿子让他好好地工作,别**挂念**[被挂念项他这老头子]。(亲人)

(2-54) [挂念者广大人民群众]十分**挂念**[被挂念项南沙官兵]。(没有亲缘关系的人)

(2-55) 即使是在出国访问的日子里,[挂念者王总]内心一定还十分**挂念**[被挂念项他的大酒店]。(事物)

(2-56) [挂念者出版社]**挂念**的是[被挂念项自己的书能否成为商品,卖得动]。(事情)

"悬念"语例较少,"被挂念项"多为"人"。例如:

(2-57) [挂念者许凤]一心**悬念**着[被挂念项被捕的人],急得感情激动起来。

(2-58) 战役刚结束的那一天,她就想来探望一下[挂念者她]心里**悬念**的[被挂念项这个人]。

不过,在 FE"被挂念项"为事物或事情的语例中,"悬念"可以替换"挂念",二词核心 FE"被挂念项"的语义范围无异。对比二词语例发现,在非核心 FE"原因"上,"悬念"之"放心不下"多因无法了解"被挂念项"的情况,"挂念"之"放心不下"多为不在"被挂念项"身边,不一定是不了解情况。例如:

(2-59) 可是,在美惠子给她丈夫高桥宪一的信上,只有一个小地名黑泽尻,不知她住在何县何市,无法通信,因此一直**悬念**在心。

(2-60) 既不许见面,也不许写信,音讯杳然,生死未卜,格外**悬念**。

（2-61）案子结了，刘丽芳仍时刻挂念着这对当事人，先后四次上门回访，使夫妻感情得到进一步巩固。
　　（2-62）她很挂念家，上学时给我写了很多信。

　　另外，"悬念"所表示的"放心不下"的"程度"比"挂念"高。不过二词例显非核心 FE"程度"的语例很少，仅有的一些语例也显示不出这一差异，例如：

　　（2-63）老人家，你的身体健康状况是毛主席最悬念的。
　　（2-64）最挂念老何了，老何六十岁了，离休了吧？

　　为验证二词非核心 FE"程度"是否有异，我们考察了它们相异的构词语素"悬"和"挂"。《现汉》对"悬"和"挂"相关义项的释义分别为：

　　【悬】❶ 挂①。
　　【挂】❶ 借助于绳子、钩子、钉子等使物体附着于某处的一点或几点。

　　《现汉》用"挂"对释"悬"，说明二词意义很相近。但在很多语境中，二词却不能互换，例如：

　　（2-65）a 心悬到了嗓子眼儿。　　b * 心挂到了嗓子眼儿。
　　（2-66）a 灰尘悬浮在空中。　　　b * 灰尘挂浮在空中。①
　　（2-67）a 墙上挂着一幅画。　　　b * 墙上悬着一幅画。
　　（2-68）a 大红灯笼高高挂。　　　b * 大红灯笼高高悬。

　　这是因为"悬"凸显焦点物体下无支撑物，上无固定点或与固定点的连接不牢固；而"挂"凸显焦点物体和固定点有联系或有相对牢固的联系。它们作词素分别和"念"构成复合词后，这个差异潜在地影响了"悬念"和"挂念"的意义，造成二词非核心 FE"原因"和"程度"的不同。对"悬念"和"挂念"相异词素的分析，证实了二词非核心 FE"原因"和"程度"有异。

　　对于语言学的研究方法，王宁（2006）提出："语言学研究方法应

---

　　① "悬"能和"浮"组成复合词"悬浮"，"挂"不能和"浮"组成复合词"挂浮"，这与"悬"和"挂"的差异有关。

该是多样化的；对于西方语言学，既不应该全盘否定，也不应该亦步亦趋地盲目接受；对于中国传统语言学，既要认识到它的弊端，也要继承它的精华。"对于不同的意义分析方法，我们总的态度是，新的理论、方法不能不加分析地全盘接受，既有方法和经验也不能全然否定、弃置不用。新的理论、方法有其局限性，既有方法和经验自有其效用和存在价值。选择方法时，最重要的是有效性，只要有助于揭示词义异同、分析同义度，本书就采用。

2.5.2 同义度的分析流程

我们主要使用框架语义学方法分析同义度，分析流程为：

1. 确定框架和框架元素

基于语料，确定同义组各词语所激活的框架和框架元素。

2. 对比框架异同

同义词在同一义项上可以激活一个或多个框架，这些框架可能全部相同，也可能部分相同部分不同，也可能相关而不相同。在框架层面，着重分析相异框架所反映的同义词的不同意义。

3. 对比框架元素

被释词和释词如果激活相同的框架，辨析其间异同需从框架元素着手。同义词的异同体现在 FE 语义和配用两大角度，FE 语义特点和配用特点上的差异又表现在多个不同方面。

4. 判断差异大小和同义度

根据框架和框架元素的差异，判断同义度。

2.6 小结

同义词的差异方面包括理性意义、感性意义和用法特征。在同义词意义相同时，用法特征上的差异并不影响同义度；理性意义的差异对同义度的影响比感性意义大。分析同义度应主要从理性意义进行。在理性意义完全相同时，感性意义的差异对同义度的影响才凸显出来。

常见的理性意义分析方法大多无法单独用于同义度的研究，而框架语义学分析方法遵循从语用获取语义的基本原理，适用范围广，具有可操作性，可从框架和框架元素对动词理性意义进行全面分析。本书主要采用框架语义学分析方法，必要时辅以其他的词义分析方法。

使用框架语义学方法分析同义度的流程是，首先确定框架和框架元素，然后对比同义词所激活的框架和框架元素，最后判断差异大小和同义度。

第三章 同义度等级划分

本章对比被释词及其释词激活的框架，分析框架之间的关系，讨论框架层面的差异如何影响同义度的判断；对于被释词与其释词激活相同框架的，对比框架元素的差异，总结研究词目范围内框架元素的所有差异方面，分析这些差异方面对同义度的影响；拟定同义度等级的划分原则，并根据同义词在框架和框架元素上的差异划分同义度等级。

3.1 框架的对比

同义词在一个义位上可以激活一个或多个框架，将被释词与其释词激活的框架分别看作一个集合，记为 S1、S2，S1 和 S2 间的关系有全同、包含、交叉和相异四种。

3.1.1 全同关系

被释词与其释词的词元义数量、词元义所激活的框架、框架的数量全部相同，是全同关系。如"雕镂—雕刻❶""埋藏❷—隐藏"。

雕镂—雕刻❶（GNo.2）[①]

"雕刻"指"在金属、玉石、骨头或其他材料上刻出形象或把金属、玉石、骨头或其他材料雕制成一个形象"[②]，激活了"雕刻"框架，核心 FE 有"雕刻者""原料""基体""终形"，"原料"指转化成终形的原始材料，"基体"指基本保持原形、在其上刻出形象的物体，"终形"是指用原料雕制成的物品或在基体上刻出的图案、图形、人像、文

[①] 连接号前的词为《现汉》中的被释词，连接号后的词为共用的单一释词，全书同。GNo. 表示"组序号"（group number），详见附录。《现汉》未注多义释词"雕刻"的义项号，是我们为明确"雕刻"的义项自行加注的。另有单一释词"忘记❶""损失❶"情况相同。

[②] 《现汉》对"雕刻❶"的释义是"在金属、玉石、骨头或其他材料上刻出形象"，我们根据"雕刻"的用法对其释语进行了增补。

字等，可能是原料转化来的，也可能在基体上呈现。FE "原料"和"基体"在句中一般不共现。不考虑 FE "雕刻者"，"雕刻"的其他核心 FE 有以下几种配用方式：

1. 原料+终形

   （3-1）[终形大厅里展示的"牛头杯"]，用[原料青海白玉]雕刻而成。

   （3-2）[终形微缩金銮殿]……用[原料紫檀]雕刻而成。

2. 基体+终形

   （3-3）[基体这些石阙上]还雕刻了丰富的[终形图案装饰、奇禽异兽、人物故事]。

   （3-4）工匠们还[基体在青石板上]雕刻[终形虎皮花、芝麻花]。

3. 原料

   （3-5）河北省灵寿县花岗石一厂，依托当地资源，发展[原料大理石]雕刻。

4. 基体

   （3-6）苏席华别出心裁地在雕刻[基体佰圆券]时全部使用了平行的直线。①

5. 终形

   （3-7）只见中间坐着的老木匠正忙着雕刻[终形花纹]。

   （3-8）曲阜市工艺美术厂有几位老艺人……精心雕刻了[终体一尊栩栩如生的观音菩萨像]。

语料库中"雕镌"仅检索到 4 条用例，但上面语例中的"雕刻"均可换为"雕镌"，"雕镌"也激活了"雕刻"框架。②

---

① 在语境不足的情况下，有时不易判断短语例显的是 FE "原料"还是 FE "基体"。如：此后，中国还向联合国赠送一尊大型象牙雕刻"成昆铁路"。未知上下文语境，难以判断"象牙"是 FE "原料"还是 FE "基体"。此句根据上下文，能够判断出来是"基体"。

② 另外，语体上，"雕刻"通用于口语和书面语，而"雕镌"书面语色彩浓厚，《现汉》标为〈书〉。"雕刻"还常用来构成复合词，如"雕刻师""雕刻家""雕刻厂""雕刻感"等，"雕镌"很少用来构成复合词。

埋藏❷—隐藏（GNo.18）

"埋藏"和"隐藏"均激活了"隐藏_物"和"主体_隐藏"两个框架。"隐藏_物"框架指某人把某物藏在某处，核心 FE 有"隐藏者""被隐藏项"和"处所"。例如：

(3-9) [隐藏者他] 只能 [被隐藏项把一肚子委屈] 深深埋藏 [处所在心底]。

(3-10) 她过去总以为陶阿毛看她不起，[隐藏者她] 也就 [被隐藏项把对他的好感] 暗暗埋藏 [处所在心里]。

(3-11) 我……一直 [被隐藏项把它] 隐藏 [处所在内心里]。

(3-12) 为了求恋爱成功而尽量隐藏 [被隐藏项自己的缺点] 的 [隐藏者人] 其实是愚蠢的。

"主体_隐藏"框架指某人或某物藏在某处，核心 FE 有"主体"和"处所"。例如：

(3-13) [处所历史文本中] 所埋藏的 [主体答案]，决不仅限于人们已经失去了什么，还更包含他们将可能得到什么。

(3-14) 埋藏 [处所于古代文学中] 的 [主体"音乐"]，也许比古谱更需要发掘与借鉴。

(3-15) [处所在这繁荣的背后] 也隐藏着 [主体一些令人忧虑的因素]。

(3-16) 躲开了它们，就是……躲开了千百年间曾经深深隐藏 [处所在无数中国文人心底] 的 [主体思慕与企盼]。

"埋藏❷—隐藏"激活的两个框架都相同。①

3.1.2 包含关系

被释词和释词其中一方激活的框架包含了另一方激活的框架，即除了相同框架外，一方比另一方多激活了其他框架。多出框架和相同框架的关系有相似和相关两种情况。

3.1.2.1 多出框架和相同框架具有相似性

在研究词目范围内，我们发现"包含"及其四个被释词所构成的

---

① 其他差异详见 4.1.4。

同义组中,"包含"激活了本原框架和隐喻框架,它的被释词只激活了隐喻框架。

包孕、包蕴、含蓄（涵蓄）❶、蕴含—包含（GNo.23）

"包含"指"里边含有",激活了"整体_包含_构件"和"蕴含"两个框架。"整体_包含_构件"框架指整体含有构件,由构件组成;构件是整体的组成部分,能够从整体中剥离、独立出来。核心 FE 有"整体"和"构件",在句子中"构件"一般由多个短语例显,例如:

(3-17)[整体城市总体规划]……<u>包含</u>着[构件城市功能的定位、管理构架的设置、社会经济发展的目标、产业结构的比例],直至[构件每一个小区功能的确定,等等]。

(3-18)[整体这一制度体系]<u>包含</u>了[构件企业法人制度,企业产权制度,有限责任制度,企业组织制度和科学管理制度（包括领导制度、劳动人事工资制度、经营管理制度和企业家制度）]。

"城市功能的定位""管理构架的设置""社会经济发展的目标""产业结构的比例"和"小区功能的确定"均为"城市总体规划"的组成部分。"企业法人制度,企业产权制度,有限责任制度,企业组织制度和科学管理制度"都是"制度体系"的一部分。上两例均可转换成"'构件'组成'整体'"这样的句式。"构件"在句子中也可以只由一个短语例显,例如:

(3-19)国外的药品,[整体价格中]<u>包含</u>了[构件很高的技术价值]。
(3-20)[整体现行铁路客运票价中]已<u>包含</u>了[构件强制性保险]。

"很高的技术价值"是组成国外药品"价格"的一部分,"强制性保险"是"现行铁路客运票价"的一部分。上两例都可以变换成"'构件'是'整体'的一部分"的句式。

"蕴含"框架指蕴含物中含有被蕴含物,但被蕴含物不是蕴含物的组成构件,无法从蕴含物中剥离、独立出来,核心 FE 是"蕴含物"和"被蕴含物"。例如:

(3-21)[蕴含物这信赖的眼光],<u>包含</u>着[被蕴含物多么重大的意义]啊!

(3-22) 邓小平同志视察南方的重要谈话……实际上 [蕴含物里边] 已经包含了 [被蕴含物这个根本原则]。

"重大的意义"蕴含在"信赖的眼光"中，但它并不是和其他什么事物组成了"信赖的眼光"，不是"信赖的眼光"的一部分。邓小平同志视察南方的重要谈话中含有公有制为主体的"这个根本原则"，但"这个根本原则"无法剥离、独立出来。

"蕴含"框架是由"整体_包含_构件"框架隐喻产生的。"包含"的四个被释词激活了"蕴含"框架，例如：

(3-23) [蕴含物这句话] 无疑包孕了 [被蕴含物一个真理：热情并不等于生活]。

(3-24) 它的格调应是雄健豪放，[蕴含物豪放中] 包蕴 [被蕴含物悲壮和深沉]。

(3-25) [蕴含物汪曾祺这一"希望"中] 涵蓄的 [被蕴含物感情]，不仅是念旧而已，也是对当前的出版家表达了殷切的心愿。

(3-26) [蕴含物歌曲开头]……蕴含着 [被蕴含物深沉、内在的力量]。

四个被释词不能替换"包含"激活"整体_包含_构件"框架的语例。"包含"与其被释词相比，多激活了本原框架。①

3.1.2.2 多出框架和相同框架具有相关性
3.1.2.2.1 多出框架和相同框架密切相关

多出框架和相同框架密切相关，指的是这样一些情况：一方多激活

---

① 这组同义词另有如下差异。
1. "包孕"除了指"包含"外，另有"孕育"义。例如：
(1) 西绪福斯的沉默和静观包孕着加缪的荒诞哲学的完整的幼芽，这棵幼芽将通过他的另一部著作《反抗的人》长得枝叶繁茂。
(2) 作品中运用的那些经过移位、变体和消alet了的神话传说，包孕着拉美民族的文化心理胚胎和集体潜意识原型。
"包孕"的释语可修订为："包含；孕育"。
2.《现汉》"【涵蓄】见509页[含蓄]"，认为"涵蓄"是"含蓄"的异形词，但"涵蓄"比"含蓄"多出"深储（水）"义。例如：
(1) 项目区每亩每年草地泥沙流失量减少了0.265吨；每亩草地涵蓄水力提高了2吨。——新华网
(2) 这里气候干燥，降水年际年内分布不均，年平均降水300-600mm，土层瘠薄，涵蓄水分能力差。——中国人大网

的框架和双方共同激活的框架分别对应词语的使动义和动作义、施动义和动作义等。如,"折损—损失❶","折损"多激活的一个框架对应动词的使动义。

折损—损失❶(GNo.13)

二词均可指"消耗或失去",但"折损"另有使动义,指"损害;使消减",例如:

(3-27)我只求快快飞出这雨的陷阱,千万不要折损了机翼,发生意外。

(3-28)尽管两次因病开刀,可能折损了她若干体力。

这些语例中的"折损"不能换成"损失",因为"损失"没有使动义。"折损"的使动义和同义组中的其他被释词"伤耗""损伤"是对应的:

【伤耗】〈口〉❶|动|损害;毁坏:蝗虫~了几亩庄稼。❷|动|损失:这一仗我们~了好几十个兄弟。❸|名|损耗②:库存水果要注意保管,减少~。

【损伤】❶|动|损害;伤害:不要~群众的积极性 | 她的自尊心受到~。❷|动|损失:这次战斗,敌人~了两个团的兵力。

再如"迁延—拖延""止息—停止",多出框架对应动词的施动义。

迁延—拖延(GNo.32)

二词均激活了"事件_拖延"框架,指"把时间延长,不迅速办理",核心FE有"事件"和"时间"。"时间"指事情拖后或延长的时间。① 例如:

(3-29)[事件诉讼] 迁延 [时间日久],责任并不在我呀!

(3-30)[事件病情] 迁延 [时间至今]。

(3-31)[事件一起所谓"特大投机倒把、受贿案"] 在拖延 [时间4年]后裁定无罪。

(3-32)由于[事件病情] 拖延 [时间太久],在今天已不算什么大病了的肺结核却夺去了父亲的生命。

---

① "迁延"的FE"事件"多为诉讼、疾病等,"拖延"的FE"事件"语义类型多样。

"拖延"另外激活了"施事_拖延_事件"框架，表示"施事拖着不迅速办理某事情"，核心 FE 有"施事""事件""时间"。例如：

（3-33）他认为，[施事以色列] 不断拖延 [事件实现他们在会谈之初的承诺]。（施事+事件）

（3-34）[施事债券交易商] [事件对其客户的提券要求] 不得无故拒绝或拖延。（施事+事件）

（3-35）[施事她] 在巴黎因机场工人罢工停机，拖延 [时间几天] 才赶到赛地。（施事+时间）

（3-36）有些问题几年前中方便向英方提出要求，比如民航协定的有关材料等，但是 [施事英方] 拖延 [时间至今]。（施事+时间）

未见"迁延"有语例激活"施事_拖延_事件"框架，上面语例中的"拖延"均不宜换为"迁延"。① 由上可见，"拖延"激活的框架和"迁延"激活的框架是包含和被包含的关系，多出框架对应着动词的施动义。

止息—停止（GNo.38）

二词都指"不再进行"，均激活了"活动_停止"和"现象_停止"框架，分别表示"活动不再进行"和"现象不再继续"，核心 FE 分别为"活动"和"现象"。"活动"具有可控性；"现象"指自然现象，不具有可控性。例如：

（3-37）总之要到阶级完全灭亡，[活动斗争] 才会止息。——

---

① 此外，"拖延"通用于口语和书面语，"迁延"常用于书面语。"迁延"可构成"迁延性""迁延型"等词，指疾病的性质和类型。

同组的"延宕"也同样激活了"事件_拖延"和"施事_拖延_事件"两个框架，例如：
(1) 错过了这样的历史良机后，[事件将这两大史诗转梵为汉的任务] 便延宕 [时间千数百载]，留给了我们这个时代。
(2) 延宕 [时间多年] 的 [事件两岸直接"三通"] 仍然是两岸贸易健康发展的严重障碍。
(3) 基于这一份考虑，可能也让 [施事杰弗逊] 延宕 [事件解放黑奴的行动]。
(4) 我不相信你是个生性懦弱的人，不相信 [施事你] 是因缺乏行动的意志而延宕 [事件报父血仇]。

但"延宕"仅有上引两例描述外国人生活、事件的语例激活框架"施事_拖延_事件"，语例的合法性存疑。和"拖延"相比，其核心 FE"施事"的主观性稍弱，不含"故意"的语义特征。用例过少，结论恐不全面，故以脚注形式列出。

凤凰网

(3-38) [现象暴风雪] 终于止息了，气温降到摄氏零下40度。

(3-39) [活动钢材、白糖、煤炭三个品种的期货交易] 已经停止。

(3-40) 从白天到黑夜，[现象风] 没有停止，船也不知道漂到了何方。

二词还激活了"使_停止"框架，表示"使停止做某事"，核心FE有"致事""使事"和"被停止项"。① 例如：

(3-41) [致事立陶宛政府] 为了止息 [使事苏联] 的 [被停止项愤怒]，次日答复要"立即进行详细调查"。

(3-42) [致事他] ……止息了 [被停止项对基督教理念的反对]，停止了反当时道德价值的战争。

(3-43) 只有休斯打破沉默，道出真情，才会停止 [使事人们] 的 [被停止项臆测]。

(3-44) 1975年12月，终于发起了"批邓、反击右倾翻案风"的运动，并实际停止了 [使事邓小平] 的 [被停止项一切工作]。

"停止"另外激活了"施事_停止_活动"框架，表示"施事不再进行某活动"，核心FE有"施事"和"活动"，"施事"可以是人、物或机构团体，"活动"可以是施事主动进行的活动，也可以是被动进行的，还可以是施事的身体机能。例如：

(3-45) 即便在最不正常的年月里，[施事作者] 也没有停止 [活动读书]，更没有停止 [活动思想与探索]。

(3-46) [施事八百年比萨塔] 停止 [活动倾斜]。

(3-47) 八时三十五分，留下一生的功过是非，[施事他的心脏] 停止了 [活动跳动]。

未见"止息"有语例激活此框架，上面语例中的"停止"也不宜换为

---

① "止息"的FE"致事"需在句中例显，"停止"的FE"致事"多不在句中例显。另外，"止息"的FE"被停止项"在语料库中仅见"活动"，"停止"的FE"被停止项"除了可以是"活动"，还可以是"资格""待遇"等，详见3.3.2。

"止息"。①由上可见,"停止"激活了四个框架,"止息"只激活了其中的三个框架,"停止"多出的"施事_停止_活动"框架对应的是动词的施动义。

有的被释词和释词,其中一方比另一方多激活了多个框架。如"休止—停止","停止"比"休止"多激活了两个框架。

休止—停止（GNo.38）

"休止"195条语例除9例外均用如"无休止""不休止""难休止"等固定搭配,作谓语或偏正短语中的修饰语。例如：

（3-48）它不择细流,兼容并蓄,泥沙俱下,永无<u>休止</u>。

（3-49）瑞典科学院起先不肯担任这个任务,觉得这是一件年复一年永无<u>休止</u>的事。

"休止"只能激活"活动_停止"和"现象_停止"框架。例如：

（3-50）正确的方法是要弄清楚我们的许多最有理智的弟兄们所说的[活动精神活动]的<u>休止</u>是什么意思。

（3-51）[现象风]似乎还没有<u>休止</u>的迹象。（笔者例）

未见"休止"激活"使_停止"和"施事_停止_活动"两个框架的语例,"停止"激活这两个框架的语例也不宜换用"休止"。

3.1.2.2.2 多出框架和相同框架在一定程度上相关

被释词和释词其中一方多激活的框架和双方共同激活的相同框架所对应的词元义没有使动义和动作义、施动义和动作义等对应关系,只在一定程度上相关。

---

① 此外,激活"活动_停止""现象_停止"和"使_停止"框架的"止息"和"停止"均为非持续性动词,没有FE"持续时间",但有从进行到不进行的FE"实现时间","止息"的FE"实现时间"较长,而"停止"的"实现时间"较短,从上面的语例中可以体会到这一差异。语体上,"止息"多用于书面语,"停止"通用于口语和书面语。用法特征上,"止息"一半多的语例用如"永不止息""永无止息"等固定搭配,充当谓语或偏正结构的修饰语。例如：

（1）长江滚滚东流,永无<u>止息</u>。

（2）我将不停地寻找你,永<u>不止息</u>地追踪,直到我们重聚的日子。

《现汉》将"停止"释为"不再进行",没有涵盖"停止"的使动用法；而且"进行"一词无法涵盖"施事_停止_活动"框架中"施事"非人的情况,也没有释出激活"现象_停止"框架的用例中"停止"的用法。我们认为可将"停止"释义修订为"不再继续；使不再继续"。

依从、依随—顺从（GNo.11）

"依从""依随"和"顺从"一样，均可指"依照别人的意思，不违背，不反抗"，激活了"顺从"框架。例如：

（3-52）他完全依从他那个时代的偏见和风尚。

（3-53）妻子宋万秀知道丈夫认准的理儿，几头黄牛也拉不回来，只好点头依从了他。

（3-54）织得自己脸盘大了，身子丰了，便依随父母之命、媒妁之言去跟人家过活。

（3-55）鬼子要这么干，咱不能不依随，最好在依随的时候破坏它。

但"依从"另可指"依据，依照"，例如：

（3-56）又"岳珂"一条，生卒年依从旧说，显误。

（3-57）有原稿依从原稿，没原稿则根据最初发表的杂志、报纸或初版单行本。

"依随"另可指"随着（另一事物的情况而变化）"，例如：

（3-58）队形的编排依随地势，大景别有山河的博大气势，小景别有滔滔的瀑布为背景。

（3-59）西汉时出现了至今仍有沿用的"二牛抬杠"的耕作方法，逐渐将"依随水草"的游牧生活改为定居。——青海日报社数字报刊平台

"依随"的这个意义与其词素"随"的意义是相对应的。《现汉》【随】❶动 跟②（在后面紧接着向同一方向行动）：跟~｜~军｜~大溜。❷动 顺从：~顺｜~风转舵｜只要你们做得对，我都~着。"随"取义项❶时，"依随"表示"随着"；"随"取义项❷时，"依随"表示"顺从"。

自戕—自杀（GNo.22）

二词均可指"自己杀死自己"，激活了"自杀"框架，核心 FE 为"自杀者"。例如：

（3-60）[自杀者顾城]杀妻自戕无疑构成一种社会现实行为。

（3-61）当[自杀者勃鲁托斯]势穷力竭不得不伏剑自戕时，历

史性的悲剧达到了高潮。

（3-62）[自杀者顾城] <u>自杀</u>了。

（3-63）郭老在谈到[自杀者屈原] <u>自杀</u>的原因时曾说……

"自戕"另可指"自己残害自己"，激活了"自戕"框架，核心 FE 有"自戕者"和"对象"，"对象"为身体或身体机能。"自杀"不能激活这样的框架，激活这一框架的"自戕"均不能换用"自杀"。例如：

（3-64）只是一味"率性而行"，不说有伤风化，至少也是<u>自戕</u>[对象身体]。

（3-65）[自戕者断绝生命根源的人] 已<u>自戕</u>了[对象繁殖力]，却又为自己的无后悲切。

"自戕"多激活的框架和"自杀"框架仅在一定程度上相关。

引路—带路（GNo. 26）

二词均可指"带领不认得路的人行进"①，激活了"带路"框架，指"带路的人和不认得路的人共同行进"，核心 FE 有"带路者"和"不识路者"。例如：

（3-66）寒风里，[带路者一群衣衫单薄的孩子] 簇拥着[不识路者给我们] <u>引路</u>。

（3-67）[不识路者记者]……[带路者由上访村民] <u>引路</u>，逐块察看了撂荒的土地。

（3-68）[带路者这小姑娘][不识路者给我们] <u>带路</u>，耽误了她吃饭。

（3-69）[不识路者日军] 叫[带路者他] <u>带路</u>，他说眼力不好。

"引路"另可指"指引不认得路的人行进"，激活了"引路"框架，核心 FE 有"指路项"和"不识路者"，"指路项"只指出道路，并不和"不识路者"共同行进。此外，和"带路"框架不同的是，"带路者"具有 +[有生] 的语义特征，而"指路项"具有 ±[有生] 的语义特征。例如：

---

① 《现汉》将"带路"释为"引导不认得路的人行进"，但"引导"有两个义项：❶ 带领①（在前面带头使后面的人跟随着走）；❷ 指引；诱导。"带路"释语中的"引导"为"引导❶"，准确地说，"带路"义为"带领不认得路的人行进"。

（3-70）<u>引路</u>的 [指路项两面色彩艳丽的旗帜] 上写着两行大字。

（3-71）白嘉轩冷笑说："这算写的什么字！是红事的对联还是丧事的<u>引路</u> [指路项幡子]？"

其实，"引路"的两个词元义与其构词词素"引"的意义相对应。"引"表"带领"时，"引路"指"带路"；"引"表"指引"时，"引路"指"指路"。"指路"义和"带路"义只在一定程度上相关。

寻摸—寻找（GNo.34）

二词均可指"为了要见到或得到所需求的人或事物而努力"[①]，激活了"寻找"框架，核心FE有"寻找者"和"对象"。例如：

（3-72）[寻找者我们]……在礁石丛里<u>寻摸</u> [对象螃蟹]。

（3-73）"五四"以来的中国文学在这一题材方面还很少有 [寻找者人] <u>寻摸</u>到 [对象主体的"自在"状态]。

（3-74）[寻找者一些银杏之乡的客商]，到处<u>寻找</u> [对象银杏雌株]。

（3-75）[寻找者世界自然基金会的两位老虎专家] 来中国<u>寻找</u> [对象野生华南虎] 时也只见虎踪难见虎影。

"寻摸"另可指"思索、考虑"，义同"寻思"，激活了"思考"框架，核心FE有"思考者"和"思考内容"。"寻找"没有此词元义，不能激活"思考"框架。下面语例中的"寻摸"均不能换用"寻找"：

（3-76）[思考者我] 多年<u>寻摸</u>着 [思考内容买台进口音响]。

（3-77）[思考者我] <u>寻摸</u>着 [思考内容绝食三天以后，再吃一天一斤的粮食，肯定会很舒服]。——网易

"寻摸"多激活的"思考"框架所对应的词元义"思索、考虑"和二词共同激活的"寻找"框架所对应的"寻找"义没有使动或施动和动作义的关系，只在一定程度上相关。

依凭—依靠（GNo.35）

二词在"指望（某种人或事物来达到一定目的）"的意义上激活了

[①] 《现汉》用"找¹"对释"寻找"，这是"找¹"的释语。

"依靠"框架,指"靠某人或某事物做什么",核心 FE 有"依靠项""被依靠项"和"目的"。例如:

(3-78) [依靠项这种氛围]并不是依凭[被依靠项一种外在的结构和操作方式][目的来体现]。

(3-79) [依靠项不正义经济]是依凭[被依靠项非经济手段和不正当的经济手段][目的牟取暴利]。

(3-80) [依靠项德兴铜矿]依靠[被依靠项职工][目的振兴企业]。

(3-81) 要依靠[被依靠项各方面力量]……[目的搞好文化交流活动]。

但"依凭"另有"依据;根据"义,"依靠"没有此义,下面语例中的"依凭"不能换用"依靠":

(3-82) 关于修建庙宇的问题也亟需建立健全必要的法规和制度,以便有所依凭,有所遵循,尽快刹住乱建庙宇的歪风。

(3-83) 设若不是这样,在研究问题时或者随俗趋势,或者依凭一己好恶,或者存有事功之心,或者……

被释词和释词激活的框架是包含关系时,其中一方激活的框架包含了另一方激活的框架,多出框架的一方词语比另一方的语义范围大。

3.1.3 交叉关系

被释词和释词均激活了多个框架,其中有一部分相同,但各自又另外激活了其他框架,形成交叉关系。

打住—停止(GNo.38)

"停止"激活了四个框架:"活动_停止""现象_停止""使_停止""施事_停止_活动",详见 3.1.2.2.1。未见"打住"有激活"活动_停止"和"现象_停止"框架的语例,它仅可激活"使_停止"和"施事_停止_活动"两个框架,例如:

(3-84) [致事父亲]气愤地打住了[使事他]的[被停止项胡扯]。
(笔者例)("使_停止"框架)

(3-85) [施事我]想该打住[活动这离题万里的铺陈],回到正题

上来了。("施事_停止_活动"框架)

在"使_停止"和"施事_停止_活动"两个框架中,"打住"的核心 FE"活动"多为言语表达活动,这些语例中的"打住"可换成"停止"。但其实,"打住"的绝大多数语例并未例显 FE"活动",例如:

(3-86) [致事玲玲]试图打住[使事她],但她不予理睬,又自顾自地说下去。

(3-87) 幸亏[致事麦克]打住了[使事自己],当老板娘又向他提了个什么问题时,他看看表说对不起时间太晚了,我们应该告辞了。

(3-88) [主体张全义]自知失言,丢金丹的事儿没说出口,就打住了。

(3-89) 写到这里,本来该打住了,但又想知道花剌子模臣民的命运如何。

这些语例中的"打住"不能换成"停止"。可见,"打住"虽指"(使)不再继续",但多指"(使)不继续说或写",核心 FE"活动"在句中不例显时,缺省默认是"说或写"。另外,少量语例中的"打住"后面出现了名词短语,有的和言语表达相关,有的和言语表达无关。例如:

(3-90) 每逢这时,八舅就恰到好处地打住话,慢慢地捻着长而稀疏的黄胡子,一派得意之色。

(3-91) 突然他打住了话题,在房间里踱来踱去,最后定定地站住。

(3-92) 他愁眉苦脸地在屋里兜了几个圈子,走到门口,猛地打住脚:"小刘!"

(3-93) 一种令人怅然以至走入恐惧的想象,像雾霭一般不可避免地缓缓升起,模糊了我们的来路和去处,令人不得不断然打住思绪。

"打住话"指"不再继续说话","打住话题"指"不再继续说某话题","打住脚"即"不再继续动脚","打住思绪"即"不再继续想"。"打住+名词"中暗含了和名词相关的动作,指不再继续进行和名词相关的动作。"停止"也有类似用法,但仅见和"脚步"类词语搭配，例如：

(3-94) 病中的田总对铁合金冶炼技术的开发研究还是那么一往深情，还是那么执着，从没有<u>停止</u>那在科海深处跋涉的<u>脚步</u>。

(3-95) 他并没有<u>停止</u>执着追求的<u>步子</u>，每天早晨醒来第一件事，就是到办公室看书、写作。

这种用法较少，且可用"（使）不再继续"释义。此外，"打住"常和数量词搭配使用，表示"达到数量或价格上限；满足数量或价格要求"，"停止"并无此义。例如：

(3-96) 井冈山老区某药厂厂长在北京某肥牛海鲜酒家请客，满以为500元<u>打住</u>了，谁知竟收了1700元。

(3-97) 他在北京某高档酒楼请客，点了一条名贵的苏眉鱼，要2斤左右的，标价为400元/斤，估计这条鱼1000元<u>打住</u>了。

(3-98) 在商品房价格中，每平方米土建造价500元已基本可以<u>打住</u>，再加上30%的利润，价格控制在千元以内应不成问题。

(3-99) 对联也是诗，能十六个字<u>打住</u>就不要二十二个字。

综上，"打住"和"停止"共同激活了"施事_停止_活动"和"使_停止"框架，但"停止"多激活了"活动_停止""现象_停止"两个框架，而"打住"也多激活了一个框架。二词激活的所有框架是交叉关系。

3.1.4 相异关系

被释词和释词没有激活任何一个相同的框架，形成相异关系。研究词目范围内，被释词和释词激活的框架相异的，框架间都有一定的联系。FrameNet 讨论框架之间的关系列举了7类：①继承关系；②视角关系，即对同一情景从不同视角描述，如框架"买"从买方视角对"买卖"情景进行描写，框架"卖"从卖方视角对"买卖"情景进行描写，两框架描写的"买卖"情景是相同的；③整体部分关系，即描述复杂情景的复杂框架与描述其组成部分的情景的子框架之间的关系，如

Criminal_process 框架和 Arrest、Arraignment、Trial、Sentencing、Appeal 等子框架是整体部分关系；④顺序关系，指属于同一个复杂框架的子框架间的关系，如 Arrest、Arraignment、Trial、Sentencing、Appeal 等子框架间的关系；⑤致使役使关系；⑥使用关系，指一个具体框架对一个较为抽象的框架的参考关系。使用了抽象框架的具体框架有些特点和抽象框架相同，有些特点和抽象框架不同。如 Judgment_communication 框架，指说话者和听话者交流关于被评价者的评判，词元有 accuse、blame、charge、commend、criticize 等，此框架跟 Judgment 框架和 Statement 框架都是使用关系。Judgment_communication 框架并非继承于 Judgment 框架，因为它不是简单的心智判断情景的一个子类；也并非继承于交流框架，因为它也不是简单的言语交流情景的一个子类，它同时使用了判断框架和交流框架；⑦参见关系。(Josef Ruppenhofer, et al., 2010: 73-79)研究词目范围内，"回忆—回想""搬弄❸—挑拨"两组同义词激活的框架相异，它们激活的框架具有"使用和被使用"的关系。

回忆—回想（GNo.4）

"回想"指"想（过去的人或事）"①，激活了"回想"框架，"回忆"有同样的用法，例如：

(3-100) 她回忆当时，觉得陈洁如人很好，性格又温顺，话很少。
(3-101) 外婆每次回忆那十多年前的情况，还是老泪盈盈。
(3-102) 他回想起万千白了头发的母亲。
(3-103) 蒋子龙后来回想这段时候时，非常感激他的女儿。

但"回忆"不单指"回想"的心理活动，同时还指用言语表达所回想的人或事情，这种用法的"回忆"不能换成"回想"。例如：

(3-104) 夜晚，在已经装上电灯的老宅庭院里，听景英老师回忆她的母亲，她的童年。
(3-105) 阿拉法特深情地回忆了1964年他第一次访华的情景。

---

① 《现汉》的释义是"想（过去的事）"，我们根据对"回想"用例的考察进行了修订。

"回忆"激活的"回忆"框架,不同于表示心理活动的"回想"框架,它使用了"回想"框架,还使用了"言语表达"框架。

搬弄❸—挑拨（GNo.39）

"搬弄"25条语例中的23条用如"搬弄是非",1条用如"搬弄口舌",1条例显FE"话题"：

(3-106) 刘月琴这个长嘴驴,最喜欢在病号面前搬弄[话题工作人员的事]。

百度新闻也检索到例显FE"话题"的其他语例,例如：

(3-107) 小城里,多的是一些嚼舌根的人,就喜欢搬弄[话题家长里短、流言蜚语]。——新民晚报

"搬弄"常和"是非""口舌"等表示"因说话而引起的误会或纠纷"的词语共现。由用例可见,"搬弄"指的是"有意说破坏别人关系的话",核心FE有"搬弄者"和"话题"。"搬弄是非"中的"搬弄"可换为"挑拨",但其他用例中的"搬弄"不能换为"挑拨"。

"挑拨"的语例中有表示"挑拨者""被挑拨者""积极属性""关系""消极属性""活动"等的短语,这些框架元素的配用方式具体如下。

1. 挑拨者+被挑拨者+积极属性

"积极属性"指被挑拨的关系、感情等。"被挑拨者"和"积极属性"常以偏正短语在句中例显。这时"挑拨"指的是"搬弄是非以破坏（双方的关系、感情等）"。例如：

(3-108) [挑拨者他] 没必要挑拨[被挑拨者我们夫妻] 的[积极属性感情] 呀!

(3-109) [挑拨者谁] 想挑拨[被挑拨者我们社内] 的[积极属性团结],我们跟他进行坚决的斗争!

2. 挑拨者+被挑拨者+消极属性

"消极属性"是"被挑拨者"被挑拨之后的状态[①]。"被挑拨者"和"消极属性"也常以偏正短语在句中例显。这时"挑拨"指的是

[①] "消极属性"可能是被挑拨之前没有而被挑拨之后产生的,也可能是被挑拨之前就有但并不明显。

"搬弄是非以引起（纠纷）"。例如：

(3-110) 他破坏了罢工工人的团结，[挑拨者他]挑拨了[被挑拨者省、港两地工人]的[消极属性仇恨]。

(3-111) [挑拨者我]……几下子就能挑拨起[被挑拨者勇士们][消极属性对敌人的仇恨]。

3. 挑拨者 + 被挑拨者 + 活动

"活动"是挑拨者意欲使被挑拨者做的事情。这时"挑拨"指的是"搬弄是非以使某人做某事"。例如：

(3-112) 看来[挑拨者他们]是在挑拨[被挑拨者我们][活动去同德国发生没有根据的冲突]。

(3-113) 这时候，有[挑拨者一个不知姓名的家伙]……挑拨[被挑拨者香港工人][活动动手打广州工人]。

上述语例中的"挑拨"均不能换用"搬弄"。总之，"挑拨"以"搬弄是非"为手段，以破坏双方关系（配用方式1）、引起双方纠纷（配用方式2）、促动被挑拨者做某事（配用方式3）为目的。"搬弄"和"挑拨"只在跟"是非"搭配时才能互换，在其他语境中都不能互换，"挑拨"框架只是使用了"搬弄"框架。①

3.1.5 框架和同义度的判断

前文分析了被释词和释词在同一义位上所激活的框架之间的关系，出现了词语在一个义位上激活多个框架的现象。框架语义学认为激活框架的是词元义，如果一个义位激活了多个框架，说明这个义位包含有多个词元义。由于出现了义位和词元义两个意义单位，判断被释词和释词间的同义度，是以义位为单位还是以词元义为单位呢？哪个更严谨？哪个更可行？

---

① 《现汉》将"挑拨"释为"搬弄是非，引起纠纷"，无法涵盖"挑拨"配用方式1、3的用法，释义可修订为"搬弄是非以引起纠纷，破坏关系"。《现汉》又用"挑拨"对释"搬弄"，属循环义，"搬弄"的释义可修订为"故意说破坏别人关系的话"。《现汉》另用"挑拨"释"拨弄❸、播弄❷、簸弄❷、调拨、挑唆❶"，这五词语料极少，有的词甚至没有用例，但根据现有的语例、语感和词语的结构，"调拨、挑唆"当和"挑拨"同义关系较近，可用"挑拨"对释；"簸弄、播弄"当和"搬弄"同义关系较近，用"挑拨"对释不妥，可换用"搬弄"。

关于义位，苏宝荣（2000：217-218）做过这样的阐述：

> 汉语的词汇终究是有限的，而它所表示的客观和主观世界却是无限的，以有限的语言表示无限的世界，这就需要一词数用、一词多义。一个词语在特定语境中所表达的与其基本义相近、相关，而又有这样或那样区别的话语意义，就是这个词的义点；……任何一部辞书没有必要、也没有可能将所有义点加以收录和释义，这就要对基本意义相同、只是由于上下文不同而显示出差异的义点加以归并，这就是该词语的义位。

可见，义位是从词语的使用中归纳、概括、划分出来的，虽然语用和语义密不可分，但这种归纳、概括、划分主要是从意义的角度进行的。而词元义主要是从意义和使用相结合的角度归纳、划分的，由于考虑了语用的因素，相对来说，词元义对意义的概括度比义位低，对意义的划分更为细致。所以，从理论上说，在词元义的层面上分析同义度更为严谨。

举例来说，"潜藏—隐藏"同义词对中的"潜藏"只激活了"主体_隐藏"框架，没有激活"隐藏_物"框架，如果在义位层面上讨论同义度，会把"潜藏"的一个词元义和"隐藏"的两个词元义并置，这同讨论多义词和单义词间的同义关系有何不同呢？但若将"同义词"界定为具有同义关系的词元义，就会使词语间的同义关系变得过于细碎而不符合语言使用者的语感。如，"掩藏"和"隐藏"都激活了"主体_隐藏"和"隐藏_物"两个框架，若说这两个词语具有双重的同义关系，显然违背语言使用者的语感。

对此，我们认为可以根据不同的研究目的采用不同的意义单位。面向机器的信息处理关注词语的意义和用法，可以以词元义为基本意义单位研究同义度；而面向语言使用者的词汇学、词典学研究，以义位为基本意义单位较合适。本书即以义位为基本的意义单位分析同义度。

被释词与其释词激活的框架间的关系不同，反映了它们之间的同义度不同。激活的框架是全同关系的同义词间的同义度高于框架是包含、交叉、相异关系的同义词。框架是包含、交叉关系的同义词，多出框架的一方比另一方的语义范围大。框架是相异关系的同义词，激活的是相关而不相同的场景，和其他几种框架关系的同义词相比，其间的差异最大，同义关系最远，同义度最低。

3.2　框架元素的对比

激活相同框架的同义词，其间的差异体现在框架元素上，我们从语义和配用两个角度进行对比。激活同一框架的词元，FE 的数量、基本语义特点和 FE 间的关系必须大致相同，所以，激活相同框架的同义词在下面这些方面的差异并没有大到足以构成不同框架的程度。

3.2.1　语义角度

框架元素语义角度的差异可分为两大类：例显 FE 的短语语义范围有异；例显 FE 的短语语义范围相同但有语义方面的其他差异。

3.2.1.1　FE 语义范围有异

3.2.1.1.1　FE 语义类范围有异

例显框架元素的短语，有的可以总结、概括出其语义类型。在研究词目范围内，FE 语义类范围的不同有包含关系和交叉关系两类。同义词例显某 FE 的短语的语义类型，一方多于另一方，属于包含关系。同义词例显某 FE 的语义类有相同的类型，各自又有另一方所没有的语义类型，属于交叉关系。有的同义词，核心 FE 的语义类范围是包含关系，如"凋零❷—衰落"。

凋零❷—衰落（GNo.10）

二词均指"（事物）由兴盛转向没落"，激活了"衰落"框架，核心 FE 为"衰落项"。例显二词 FE "衰落项"的短语的语义类均可为"家族""行业"。例如：

(3-114) [衰落项家里]……后来衰落了。

(3-115) [衰落项京剧]衰落了。

(3-116) [衰落项殷实的家业]已然凋零。

(3-117) ……所导致的[衰落项文学]凋零，就更令人痛心了。

例显"衰落"FE "衰落项"的短语的语义类另可为"地方""国家""企业"或"制度""观念"等，未见"凋零"有这样的用法，下面语例中的"衰落"都不能换用"凋零"：

(3-118) 汉琥街蒸蒸日上不断发展，[衰落项扬子街]却衰落

了。(地方)

(3-119) 世界上[衰落项若干文明古国]都先后衰落了。(国家)

(3-120) [衰落项这个电子城的大多数企业]衰落了。(企业)

(3-121) [衰落项门阀制度]衰落了。(制度)

(3-122) 与西方的经济衰退相伴随的[衰落项西方文化及价值观念]的衰落,是西方文明自身发展的结果。(观念)

此外,"衰落"的 FE"衰落项"还可以由"实力""地位""影响力"等含有强弱、高低、大小之类的数量语义特征的短语例显,而"凋零"没有这样的用法。例如:

(3-123) 即使[衰落项经济实力]衰落,英国仍是西方一支不可忽视的力量。——新浪

(3-124) 如果不利用基因技术,[衰落项澳大利亚体育大国的地位]将会逐渐衰落。

(3-125) 90 年代美国的孤立为日后[衰落项软实力]的衰落埋下了伏笔。——中国日报

由上可见,"衰落"的核心 FE"衰落项"的语义类范围包含"凋零"的核心 FE"衰落项"的语义类范围。①

有的同义词,两个或多个核心 FE 的语义类范围均是包含关系,如"存蓄❶—储存"。

存蓄❶—储存（GNo.1）

二词在"存放起来,暂时不用"②的意义上激活了"储存_物"框架,核心 FE 有"储存者""储存物"和"储存地"。"储存"的核心 FE"储存物"可以是物、信息、货币、能量等。语料库中检索到的"存蓄"的少量语例及搜索引擎检索到的语例显示,"存蓄"的 FE"储

---

① 同义组的被释词"萎落❷"和"凋零"一样,都是用植物的枯萎败落、凋谢零落隐喻其他事物的衰败,其核心 FE"衰落项"的语义类范围包含于"衰落"。

② 《现汉》将"储存"释为"(把物或钱)存放起来,暂时不用",突出了"储存"的核心 FE"储存物"的语义类。据对语料的考察,"物"和"钱"是"储存"的核心 FE"储存物"的强势语义类型,但不是"储存"的被释词"存储""贮存""存蓄"的强势语义类型。此处说明词语的相同意义,不列适用范围。

存物"只见"水"或"能量",未见其他。例如:

(3-126) 目前水利工程所能<u>存蓄</u>输送的[储存物4000多亿立方米水量]中,大约有80%以上用于农业灌溉。

(3-127) 冬天最好能够增加太阳辐射进入的量,提高室温、<u>存蓄</u>[储存物热量]。——中华人民共和国建设部

相应地,"存蓄"的FE"储存地"只能是地理空间,而"储存"的FE"储存地"可以是地理空间,也可以是电脑、存储盘等虚拟空间。综上,"存蓄"的核心FE"储存物"和"储存地"的语义类范围均包含于"储存"。

有的同义词,非核心FE的语义类范围是包含关系,如"射猎—打猎"。

射猎—打猎（GNo. 25）

二词均指"在野外捕捉鸟兽",激活了"打猎"框架,核心框架元素有"打猎者"和"猎物"。二词的非核心FE"方式"的语义类范围有异,"射猎"指"用射箭或射枪的方式在野外捕捉鸟兽","打猎"的FE"方式"可以是"射箭或射枪",也可以是其他的,例如:

(3-128) 在<u>射猎</u>场上,你可以弯弓射箭,也可以举枪射击……（射箭、射枪的方式）

(3-129) 张献忠没有事,率领一群亲兵出谷城西门<u>射猎</u>,射得几只大雁,几只野鸡和两只兔子。（射箭的方式）

(3-130) 如果你曾多次<u>打猎</u>,你就会明白两枪,像那种间隔的两枪,通常意味着射杀。（射枪的方式）

(3-131) 祖父<u>打猎</u>的方式很传统,为下绊索。在猎物蹄迹繁沓的栈道上,埋下绊索,三五天去寻勘一次,属坐等式。（下绊索的方式）

"打猎"的非核心FE"方式"的语义类范围包含"射猎"的非核心FE"方式"的语义类范围。

有的同义词,FE语义类范围是交叉关系。如"衰败—衰落"。

衰败—衰落（GNo. 10）

"衰落"的用法详见本节上文。"衰败"也激活了"衰落"框架,核心FE"衰落项"同"衰落"一样可以是"家族""行业""地方"

"国家""企业""制度""观念"等。例如：

(3-132)《红楼梦》揭示了一个 [衰落项大家庭] 的衰败过程。（家族）

(3-133) [衰落项农具行业] 衰败到如此地步，绝非偶然。（行业）

(3-134) [衰落项舰队街] 的衰败，对于英国报业究竟意味着什么？（地方）

(3-135) 作为清盛世产物的避暑山庄和外八庙，历经 [衰落项清王朝] 的衰败、日寇的疯狂抢掠和国民党军阀的破坏。（国家）

(3-136) 整日埋怨工人这也不好，那么不行，眼睁睁地看着 [衰落项企业] 衰败下去。（企业）

(3-137) [衰落项政党体制] 的衰败。（制度）

(3-138) 在社会转型期，[衰落项道德] 的某种衰败，带有某种必然性。（观念）

"衰败"的 FE "衰落项"还可以是植物，而"衰落"不可以，例如：

(3-139) 往日朝前看去，看到的全是衰败的 [衰落项杂草]，坑坑洼洼的沙滩。

(3-140) 浓绿的植物、没有衰败的 [衰落项花]、黑土黄沙，无一不是新鲜真切。

但未见"衰败"的 FE "衰落项"同"衰败"那样为"实力""地位""影响力"等含有强弱、高低、大小数量语义特征的短语。下面语例中的"衰落"不能换用"衰败"：

(3-141) 美国虽 [衰落项经济实力] 相对衰落，但90年代在世界经济中的地位不会有大的变化。

(3-142) [衰落项地力] 的衰落直接影响农民生产的后劲。

综上，"衰败"和"衰落"的 FE "衰落项"的语义类范围是交叉关系。①

FE 语义类范围有异，有的反映了同义词的适用范围不同。如"凋零❷—衰落"，"凋零❷"FE"衰落项"的语义类范围包含于"衰落"，"凋零❷"的适用范围也小于"衰落"；再如"存蓄❶—储存"，"存蓄❶"FE"储存物"和 FE"储存地"的语义类范围包含于"储存"，"存蓄"的适用范围也小于"储存"；又如"衰败—衰落"，二词FE"衰落项"有相同的语义类，又各有不同于对方的语义类，反映了二词有相同的适用范围，也有各自独有而另一方没有的适用范围。FE 语义类型范围有异，有的反映了同义词意义范围不同。如"射猎—打猎"，"射猎"FE"方式"的语义类范围包含于"打猎"，"射猎"的意义范围也小于"打猎"。

3.2.1.1.2　FE 语义特征范围有异

有的同义词，例显框架元素的短语在语义范围上的相异部分，能够概括出语义类型，而这些语义类型有共同的语义特征；有的同义词，例显框架元素的短语在语义范围上的相异部分，难以概括出语义类型，仅能总结出某些语义特征。例显框架元素的短语具有这样的差异的，我们归类为 FE 语义特征范围不同。

研究词目范围内，FE 语义特征范围有异的仅见 FE 语义特征为包含关系的。甲词例显 FE 的短语要求必须具备某语义特征，乙词例显 FE 的短语可以有此语义特征，也可以无此语义特征，乙词例显该 FE 的短语的语义特征范围和甲词形成包含和被包含的关系。如"伪装❶—假装"和"笔立—直立"。

伪装❶—假装（GNo.5）

"假装"在"故意做出某种动作或姿态来掩饰真相"的意义上激活了"假装"框架，指的是某人装出某种假象，核心 FE 是"施事"和"假象"。FE"假象"指故意表现以掩饰真相的情绪、性情、具体动作、

---

①　另外，"衰败"凸显非核心 FE"结果"是败落，而"衰落"不凸显结果，仅指事物由兴盛转向没落的过程。在凸显 FE"结果"的语例中，"衰败"不宜换成"衰落"。例如：

(1) 一个错误的决策，则会导致事业衰败。
(2) 在港台武侠小说在大陆出版界热闹到顶峰正值衰败之际，……
(3) 生产力水平之低下，农村经济之衰败，农民生活贫困，可见一斑。
(4) 任凭官僚主义者的主宰和摆布，国家必定衰败。

行为、情况或身份等。例如：

(3-143) [施事她] 又假装 [假象不高兴] 地嘟起了嘴。(情绪)

(3-144) [施事家政]……假装 [假象粗放]，实际上是在试探许燕。(性情)

(3-145) [施事营业员] 一边假装 [假象办理业务]，一边给保安人员使了个眼色。(具体动作)

(3-146) [施事我] 知道假装 [假象节食有效] 是没有用的。(行为)

(3-147) 加拿大短跑名将贝利在会上指责 [施事克里斯蒂] 去年在哥德堡赛场假装 [假象受伤]。(情况)

(3-148) 好，我明天再去，[施事我] 就假装 [假象是他们的儿子]，看他们怎么样！(身份)

"伪装"也激活了"假装"框架，其 FE"假象"也可以是某种性情、行为、情况或身份等，例如：

(3-149) 他指示 [施事我] 伪装 [假象疯癫]，长期隐蔽。(性情)

(3-150) 他还指责"[施事少数人] 伪装 [假象倡议民主]"，却使大多数人无法工作。(行为)

(3-151) [施事他]……伪装 [假象进步]，行贿和腐蚀国家干部。(情况)

(3-152) [施事国际环境调查局的两名成员] 于 7 月 23 日伪装 [假象成商人]。(身份)

这些语例中的"伪装"均可换成"假装"。但未见"伪装"的核心 FE"假象"是某种情绪或具体动作的，用于这样语境的"假装"也不能换成"伪装"。例如：

(3-153) [施事张小玲]……假装 [假象生气] 地说……(情绪)

(3-154) [施事郑小藕] 假装 [假象害怕]，搂紧柳长春沉下水。(情绪)

(3-155) [施事这人] 假装 [假象挣扎]。(具体动作)

(3-156) [施事警备队长] 皮笑肉不笑地嘿嘿两声，就假装 [假象踱步] 地走向一边去。(具体动作)

"伪装"和"假装"的差异似乎是 FE"假象"的语义类范围有异，

但仔细分析发现,"伪装"的 FE"假象"的语义类有一个共同的语义特征,即"有掩体、不易被发现";而"假装"的 FE"假象"有的有这一语义特征,有的没有。上面语例里的"假装"不能换用"伪装",FE"假象"为"情绪"或"具体动作"时,是"施事"直接表现出来的,没有掩体,只能用"假装"不宜用"伪装"。"伪装"FE"假象"的语义特征范围包含于"假装"。

笔立—直立（GNo.36）

二词均指"直地站着或竖着"①,激活了"直立"框架,核心 FE 为"直立项"。二词在大部分语例中可互换,例如:

(3-157) [直立项群峰] 笔立,峻岩如削。

(3-158) 那些牵扯起平常人家帐篷的园树,[直立项株株] 笔立无语。

(3-159) [直立项绝壁] ……直立江水北岸。

(3-160) [直立项树] 随着大路的延伸在两旁挺身直立。

但有些语例中的"直立"不能换成"笔立",例如:

(3-161) 华南人嘴唇较前凸,[直立项华北、东北人嘴唇] 较直立,因此,由北向南人的嘴唇愈来愈厚而愈前凸。

(3-162) [直立项卡扎科夫受了伤的飞机] ……直立着落到地上。

(3-163) 丑陋难看的黑猩猩柯柯,……头上 [直立项乱发] 直立。

(3-164) ……能一鞭子下去打倒直立起来的 [直立项牲口],并不损伤它的毛皮。

分析语料发现,"笔立"的 FE"直立项"或者为人、拟人的事物,有较强的能动性;或者为山石树木等,有一定的硬度。而"直立"的 FE"直立项"可以是有一定的能动性的人、拟人物或有一定硬度的山

---

① 《现汉》将"直立"释为"笔直地站着或竖着","笔直"义为"很直"。但语料显示,"直立"有时并不强调"直"的程度高。例如:

(1) 人直立时,双手扭动一个舵轮的力量,男子平均 37 公斤左右。

(2) 小姑娘的发型大都轻巧活泼,有的是冲天小辫,直立头顶。

(3) 吸烟之前,蜥蜴四肢直立,神气活现。

石树木等，也可以是没有较高的能动性和硬度的嘴唇、毛发等。"笔立"的 FE"直立项"对"能动性"和"硬度"有要求而"直立"的 FE"直立项"对此并无要求，因此"笔立"的 FE"直立项"的语义特征范围包含于"直立"的 FE"直立项"的语义特征范围。①

　　FE 的语义特征范围有异的同义动词，其适用范围不同。如，"伪装❶"FE"假象"的语义特征范围包含于"假装"，"伪装"的适用范围也小于"假装"。再如，"笔立"FE"直立项"的语义特征范围包含于"直立"，其适用范围也小于"直立"。

　　3.2.1.1.3　FE 量域范围有异

　　有的框架元素需要由含有大小、多少、高低、长短等表"量"的语义特征的短语例显。我们将含有"量"的语义特征的短语的取值范围称为"量域"。研究词目范围内，FE 量域有异有包含、交叉和相异三种情况。有的同义词 FE 的量域，一词包含另一词，是包含关系，如"贮存—储存"；有的同义词 FE 的量域，有相同的取值范围，也有各自特有的取值范围，形成交叉关系，如"安歇—休息"；有的同义词 FE 的量域，没有相同的取值范围，形成相异关系，如"掩藏—隐藏""接界—交界"。

贮存—储存（GNo.1）

　　"储存"的用法详见 3.2.1.1.1。"贮存"和"储存"一样，也激活了"储存_物"框架，核心 FE 有"储存者""储存物"和"储存地"。例如：

　　　　（3-165）[储存者这里的农民] ……[储存物把粮食] 贮存 [储存地在仓库里]，等到价格好时再卖。

　　　　（3-166）[储存者年轻男性] 可以 [储存物将其精子] 贮存 [储存地在精子库中]，然后进行输精管切除术。

　　"贮存"的非核心 FE"持续时间"一般较长，而"储存"的 FE "持续时间"可长可短。例如：

　　　　（3-167）它不仅有效地剔除了多彩涂料对人体有害、[储存物产

---

　　① 此外，二词的 FE"角度"的量域范围有异。"笔立"的 FE"角度"一般是 90°，而"直立"的 FE"角度"可以是 90°，也可以小于 90°。"笔立"的 FE"角度"的量域范围小于"直立"。

品〕不耐贮存、……等种种缺陷……（持续时间较长）

(3-168) 在自然界，很多生物都有贮存［储存物生命］的本领，这就是在低温下的冬眠。（持续时间较长）

(3-169) 海鞘却并非永久地储存［储存物这些结石］，而是将它们进行处理并重新利用它们。（持续时间较长）

(3-170) 可以搞［储存物秋菜］储存保鲜增值。（持续时间较短）

"贮"和"伫"（久立）、"眝"（凝视）有同族关系，"贮"表"积聚"义时隐含"长久"义，"贮存"一般指长时间储存。① "储存" FE "持续时间"的量域取值范围包含"贮存"。

安歇❷—休息（GNo.17）

"休息"指"暂时停止工作、学习或活动，以消除疲劳、恢复体力和脑力"，可以是工作、学习间隙的短暂休息，也可以指长时间的休息，激活了"休息"框架，其非核心 FE "持续时间"可长可短，非核心 FE "程度"可深可浅。例如：

(3-171) 汽车在蜿蜒的山路中穿行，经过河渡时，稍事休息。（"稍事"表明持续时间较短，程度较浅）

(3-172) 你不晓得老爷累了一天，也该喝杯茶休息休息。（动词的重叠形式表明持续时间较短，程度较浅）

(3-173) 休息老半天，才慢慢走到台边上讲了几句话。（持续时间较长，程度较深）

(3-174) 刚休息到第13天，适逢为纪念《夕阳红》开播一周年，在劳动人民文化宫组织了盛大的游园活动。（持续时间较长，程度较深）

"安歇"也激活了"休息"框架，但非核心 FE "持续时间"不能较短，一般较长或很长；非核心 FE "程度"不能较浅，一般较深或很深，侧重于指长时间地或深度地休息。例如：

(3-175) 傍晚，它们又成群飞回岛上安歇，成为渔民返航的

---

① 因此，"贮存"的 FE "储存物"有"实物""信息"等语义类，但未见有"货币"，因为"金钱""资金"等天然的流动性和"贮存"隐含的"久聚不动"义不协调。

"导航鸟"。(可换用"休息",说明二词的 FE "持续时间"和"程度"有相同的取值范围)

(3-176) 她漂泊的心终于有一方踏实安歇的土壤。(可换用"休息",但"程度"减弱)

(3-177) 年仅三十七岁的将军,却有身经百战的戎马生涯,这,铸就了他不愿安歇的魂魄。(持续时间很长,程度很深,不能换用"休息")

(3-178) 愿你的灵魂飘往中国,在你梦牵魂绕的扬子江桥头得到安歇。(持续时间很长,程度很深,不能换用"休息")

由上可见,在 FE "持续时间"和 FE "程度"的量域上,"休息"和"安歇"是交叉关系。

掩藏—隐藏 (GNo.18)

二词均可指"藏起来不让发现",激活了"主体_隐藏"框架和"隐藏_物"框架。①二词框架元素的语义类未见有异,但"掩藏"的非核心 FE "隐蔽程度"一般较低,"隐藏"的 FE "隐蔽程度"一般较高。二词非核心 FE "隐蔽程度"的量域是相异关系。例如:

(3-179) [隐藏项他]……[处所在死马的身旁]掩藏着。(隐蔽程度低)

(3-180) [被隐藏项它]掩藏[处所在长睫毛下面],越发显得动人。(隐蔽程度低)

(3-181) [隐藏项这个世界]隐藏[处所在电脑的芯片,纵横的光纤中]。(隐蔽程度高)

(3-182) 为了求恋爱成功而尽量隐藏[被隐藏项自己的缺点]的[施事人]其实是愚蠢的。(隐蔽程度高)

接界—交界 (GNo.29)

二词均激活了"交界"框架,核心 FE 有"域"和"交界部分",

---

① "掩藏"另外激活了"遮掩_事物"框架,核心 FE 是"障碍物"和"被遮掩项",例如:

(1) [障碍物那黑绿黑绿的花生叶子],紧紧地掩藏着[被遮掩项地底下的累累的果实]。

(2) 他……[障碍物粗犷、强悍的外貌]掩藏着[被遮掩项细腻、脆弱的内心]。

"域"指交界的双方或多方。"接界"和"交界"是交互动词,FE"域"在句中可以由一个短语例显,也可以由两个或多个短语例显。例如:

(3-183) 它处于[域1鲁南][域2和淮夷徐戎]接界的[交界部分地方]。(域1+域2+交界部分)

(3-184) [域1印度尼西亚的加里曼丹岛(旧称婆罗洲)][域2与马来西亚的沙捞越及沙巴]接界。(域1+域2)

(3-185) 林县地处豫西北的太行山东麓,[域豫、晋、冀三省]交界[交界部分处]。(域+交界部分)

(3-186) [域1法拉省]……[域2同伊朗]交界。(域1+域2)

"交界"的FE"交界部分"的面积比"接界"大。比如通常说"城乡交界处",很少说"城乡接界处";语料库中检索有"地毯接界处"的用例,如换为"交界",可以明显地感到"交界部分"增大。

FE量域有异,反映了同义词的语义范围或语义轻重不同。如,"贮存—储存"的FE"持续时间"量域有异,二词语义范围不同。再如,"安歇—休息"的FE"持续时间"和FE"程度"的量域有异,反映了"安歇"侧重于指长时间地或深度地休息,而"休息"侧重于指一般地暂时停止工作、学习或活动,二词语义范围有重合之处,又各有对方所没有的语义范围。

3.2.1.2 FE 语义范围相同

3.2.1.2.1 FE 语义类比重有异

有的被释词和释词例显某FE的短语,语义范围相同,但语义范围所辖的语义类的比重有异。

存储—储存(GNo.1)

二词在"存放起来,暂时不用"的意义上激活了"储存_物"框架,核心FE有"储存者""储存物"和"储存地"。二词例显核心FE"储存物"的短语的语义类均可为"实物"或"信息"等,例如:

(3-187) 瑞典有遍布全国的专门收集存储[储存物废铝易拉罐]的简易仓库中转网。(实物)

(3-188) 各职能管理部门的[储存物信息]处理、收集、存储等也由计算机包揽。(信息)

(3-189) [储存物山河村四万多斤公粮]储存在离村几百步远的

南山根的大瓦房里。（实物）

（3-190）报警中心安装了闭路电视监控系统、[储存物电脑信息资料]储存系统等设施。（信息）

据我们统计，在目标语料范围内，"存储"语例中64%的FE"储存物"为"信息"，14%的为"实物"；而"储存"语例中63%的FE"储存物"为"实物"，35%的为"信息"。"存储"和"储存"的FE"储存物"语义范围相同，但各语义类的比重有异。相应地，"存储"的FE"储存地"多为"电脑""存储盘"等，"储存"的"储存地"多为地理空间。

忆想—回想（GNo.4）

二词均激活了"回想"框架，指某人想过去的事或人，核心FE有"回想者"和"对象"。二词FE"对象"语义范围相同，都可以是"事件""人"或"物"。例如：

（3-191）沃尔夫总在忆想[对象这个"来"的过程]。（事件）

（3-192）忆想[对象他人]，乍看起来是对被忆者的一桩善举。（人）

（3-193）老济南们至今仍然忆想着[对象江家池边的那座汇泉楼饭庄]。——济南日报（物）

（3-194）每当回想[对象起这段往事]，张富群的心里总是久久难以平静。（事件）

（3-195）当我听到别人的恭维，就会回想起[对象当年这个扛斧头的男人]。（人）

（3-196）这景色令他回想起[对象一幅马太福音中基督变容的图画]。（物）

语料库中检索出"忆想"5条语例，2例的FE"对象"是"人"；而"回想"263条语例中，仅2例的FE"对象"是"人"，多为"事件"。二词FE"对象"的语义类范围相同，但语义类的比重有异。

3.2.1.2.2 语义特征比重有异

有的同义词例显某FE的短语，语义类范围相同，语义特征也相同，但具有某语义特征的短语的比重不同。

依顺—顺从（GNo.11）

二词均表示"依照别人的意思，不违背，不反抗"，激活了"顺从"框架,核心 FE 有"顺从者"和"被顺从项"。"被顺从项"是"顺从者"顺从的人或人的想法、要求、意见等。二词的 FE"顺从者"都是人,但"顺从"的 FE"顺从者"其言语、行为等外在表现不违背、不反抗别人的意思,内心意志却不一定顺从。例如:

(3-197)[顺从者政府官员和代表委员]……这样才能顺从民意,凝聚民意。(内心顺从)

(3-198)顺从民意兴利除弊的[顺从者文臣]。(内心顺从)

(3-199)碰到劫机者,是顺从他的意志,还是跟他对着干。(表面顺从)

(3-200)[顺从者李贞]……对丈夫……虽然表面顺从,但内心却毫无爱情可言。(表面顺从)

"依顺"的 FE"顺从者"内心意志大多顺从,15 条语例中仅 1 例为内心不顺从的情况,例如:

(3-201)乡亲们信服她,[顺从者妇女们]依顺她,那是因为在她工作记录上写下的都是"情"字。(内心顺从)

(3-202)[顺从者我这一代人]……却又必须依顺着孩子们的天性,顺应潮流。——网易(内心顺从)

(3-203)员工表面倒是依顺了些,背后却渐渐传出我是"小人得志"、"暴君"的叫骂声。(表面顺从)

综上,"依顺—顺从"的 FE"顺从者"的语义类范围相同,语义特征比重有异。

殒命—丧命(GNo.31)

二词均表示"死亡(多指凶死或死于暴病)",激活了"丧命"框架,核心 FE 为"逝者"。"殒命"和"丧命"的 FE"逝者"都可以是个人或群体,语义范围相同。但"殒命"的 FE"逝者"以具有一定地位或英勇的人居多,总计 20 条语例中就有 16 例的 FE"逝者"具有此语义特征。而"丧命"例显 FE"逝者"的短语中,有此语义特征的不如"殒命"比重高。二词 FE"逝者"的语义特征比重不同。例如:

(3-204)白发苍苍的老教授头颅着地,被倒拖数里而死,[逝者满脸稚气的学生]跳楼殒命。(普通的人)

(3-205) 1963年[逝者美国总统肯尼迪]遇刺殒命。（有一定地位的人）

(3-206) 悲痛欲绝的莫雷尔在两天后获救了，而[逝者英勇的萨特]却殒命了。（英勇的人）

(3-207) 刘某的表弟带妻子去个体诊所做引产手术发生事故，险些丧命。（普通的人）

3.2.1.2.3 语义关系有异

同义词例显某FE的短语，语义范围相同，语义特征相同，但FE间的语义关系有异。如"估摸—估计""兀立—直立"。

估摸—估计（GNo.27）

二词均指"根据某些情况，对事物的性质、数量、变化等做大概的推断"，激活了"估计"框架，核心FE有"估计者""对象""内容"。"对象"是对其做出推断的事物的性质、数量、变化等；"内容"是做出的具体推断。例如：

(3-208) [估计者小陈]估摸[对象时间][内容差不多了]，再下来接车。（估计者+对象+内容）

(3-209) 二位师傅吃点东西还得回新车站，拾掇拾掇车，估摸[内容两点才能回家]。（内容）

(3-210) [估计者我们]估计[对象国投电力转债上市时其价格][内容在115—123元的概率比较高]。（估计者+对象+内容）

(3-211) 在估[对象美国经济情况]时不应只看到经济萧条的统计数字。（对象）

"估摸"的FE"估计者"对"内容"不太确定，"估计"的两个FE之间并不凸显这样的关系，将下面语例中的二词互换，可见此差异：

(3-212) 记者估摸，按国内行情，这等标准的公厕，去一次至少二三角钱吧？

(3-213) 找油如同医生隔肚皮诊病，要透过厚厚地层，给石油定位，估摸出油的藏量。

(3-214) 眼下这个比例估计会有一个较大提高。

(3-215) 我鼓励她说，如果你用英语制一盘磁带，估计会受欢迎。

在"估摸不透"的用法中,"估摸"的 FE"估计者"与"内容"间的不定关系更为明显。例如:

(3-216)人们说它是"神秘的微笑",是一个谁也估摸不透的"谜"。

(3-217)消费者大都不懂技术,估摸不透修理费中到底有多少水分。

另外,"估摸"65 条语例中的 30 例和"着"连用,而"估计"200 条语例中只有 1 例和"着"连用,这也和"估摸"含有不定义而反复而持续有关。例如:

(3-218)我一边踱着步子看了几盘棋,一边估摸着对局者与自己的实力对比。

(3-219)姑奶奶……心里还在估摸着春红到底有可能提出什么要求。

"估摸"含有对所做的估计不太确定的意味,"估计"没有这样的意味。①

兀立—直立（GNo.36）

二词均激活了"直立"框架,核心 FE 为"直立项",非核心 FE 有"处所"。"兀立"的"直立项"在"处所"中较突出,"直立"的两个 FE 之间不凸显这样的关系。例如:

(3-220)从那兀立[处所在民房上面]的[直立项炮楼子]上的枪眼里,透出橙黄色的惨淡灯光。("炮楼子"在民房上较突出)

(3-221)当年这里是芭茅遍地,[直立项石头]兀立的[处所荒凉山岗]。("荒凉山岗"上的"石头"较突出)

(3-222)[直立项无铭阙]孤零零地兀立[处所在山坡上]。("无铭阙"在山坡上较突出)

(3-223)[处所市中心]兀立起数座[直立项高层大厦]。("高层大厦"在背景建筑中较突出)

如果将这些语例中的"兀立"换为"直立","直立项"就不那么

---

① 此外,二词语体色彩不同,"估摸"多用于口语,"估计"通用于口语和书面语。

凸显了。在无法或不必凸显"直立项"和"处所"关系的语境中,"直立"不宜换用"兀立"。例如:

(3-224) 煮熟的鸡蛋可旋转着<u>直立</u>起来。
(3-225) 我的天性是挺胸<u>直立</u>,骄傲而无所畏惧。

"兀立"侧重于指突兀地站着或竖着,"直立"仅指直地站着或竖着。

通过对语义范围相同而 FE 语义类比重、语义特征比重和语义关系有异的同义词的分析可见,这样的同义词适用范围或意义范围是相同的,但所侧重的适用对象、语义侧重点或所含的意味有异。

3.2.2 配用角度

词语激活的框架若有多个 FE,则存在如何在句中配用的问题。配用角度的差异包括 FE 例显与否有异、FE 例显比重有异和 FE 配用句式有异。

3.2.2.1 FE 例显与否有异

同义词激活的相同框架,具有相同的框架元素,但框架元素不一定都在句中例显。有的同义词在框架元素的例显与否上有别。如"说话❷、谈天—闲谈"。

说话❷、谈天—闲谈（GNo.40）

三词均指"随意地谈"①,激活了"闲谈"框架,核心 FE 有"闲谈者"和"话题"。"闲谈"类词为交互动词,核心 FE "闲谈者"有时能分出"闲谈者1"和"闲谈者2",有时是"闲谈者们"。例如:

(3-226) [闲谈者1 她] 一边 [闲谈者2 与我] <u>说话</u>,一边开始准备做午饭。
(3-227) [闲谈者们 她们] 自顾自<u>说话</u>。
(3-228) [闲谈者1 我] [闲谈者2 和他] 在成都少城公园喝茶<u>谈天</u>。
(3-229) 每日上午,[闲谈者们 他们] 便聚在一起读书、<u>谈天</u>。

---

① 《现汉》将"闲谈"释为"没有一定中心地谈无关紧要的话",认为"闲谈"的话题"没有一定中心"。但语料表明,"闲谈"的话题可以是不定的,也可以是一定的。"闲谈"的"闲"描述的并非话题,而是交流的方式,"闲谈"指随意地谈。

（3-230）[闲谈者1他][闲谈者2和我]闲谈时常批评有些人急功近利。

（3-231）[闲谈者们他们]在落日薄暮时坐在一个花园中闲谈。

"闲谈"的FE"话题"可在句中例显，例如：

（3-232）[闲谈者1我][闲谈者2和羽仪]闲谈[话题旧京往事]。

（3-233）[闲谈者那群年轻人]闲谈着[话题露宿沙滩的事]。

"说话""谈天"描述的情景虽然包含"话题"，但"话题"从不在语句中例显，三词FE的隐现有异。

有的词语框架元素在句中不直接例显，需要借助其他词语才可以例显出来。如"返程❷—返回"中的"返程"。

返程❷—返回（GNo.3）

"返回"指"回；回到（原来的地方）"，激活了"返回"框架，指某人从起点回终点，施事在进行返回的位移运动前进行过从终点到起点的位移运动，核心FE有"施事""起点"和"终点"。不考虑"施事"，"返回"的核心FE配用方式有"起点+终点""终点"和"起点"三种。例如：

（3-234）[施事一位年近七旬的老人]乘卧铺车[起点从北京]返回[终点郑州]。（起点+终点）

（3-235）[施事4106号飞机的全体人员]准备登机返回[终点内地]。（终点）

（3-236）[施事青伟][起点从上海]返回，原准备租下的铺面早已名花有主了。（起点）

不考虑"施事"，"返程"的核心FE配用方式有"起点"一种。例如：

（3-237）……下午又[起点从金门]返程回到厦门。

（3-238）[施事他]……今天夜里坐火车从北京到外地，明天夜里又[起点从外地]坐火车返程。

"返程"单独作谓语时，FE"终点"从不在句中例显。只有在"返程"和动词"回"组成联合短语作谓语时，FE"终点"才在句中例显。例如：

（3-239）这个美好的愿望尚未实现就返程回国了。

（3-240）他和协会的5位副会长……下午又从金门返程回到厦门。

在不例显FE"终点"的语例中，"返程"和"返回"可互换，例如：

（3-241）雷锋和助手第二天连早饭也没吃就开车返程。
（3-242）当即决定返程时还走这条水路。
（3-243）韩副部长一行才得以平安返回。
（3-244）我县汽车运输公司一辆客运面包车从九江返回。

而在例显"终点"的语例中，"返程"不能替换"返回"，例如：

（3-245）曾祥学再次从重庆驻厂办事处返回[终点厂里]。
（3-246）蒸发器清洗人员、环吊维修人员陆续从深圳返回[终点大亚湾]。

"返程❷—返回"描述的情景都包含FE"终点"，但"返回"的语例中可以例显FE"终点"，而"返程"的语例中，"返程"单独作谓语时，并不例显FE"终点"。①

FE例显与否的差异反映了同义词意义成分多少的不同。如，"说话

---

① 另外，二词非核心FE"间隔时间"（施事在进行返回的位移运动前进行过从终点到起点的位移运动，指这两次位移运动间隔的时间）的量域范围也有异，"返回"FE"间隔时间"可以比"返程"的短，也可以比"返程"的长，例如：
（1）当他带着书店交给的订单赶到火车站准备往回返时，才发现其中订了一种只适合南方使用的果树栽培书，他急忙返回书店，劝他们减去这种书。（间隔时间过短，不能换用"返程"）
（2）侨居英国已三年多的大熊猫"明明"不久将从英国返回。（间隔时间过长，不能换用"返程"。原句为：侨居英国已三年多的大熊猫"明明"不久将返回故乡中国。笔者改编。）

"位移距离"（指从起点到终点的距离）的量域范围有异，"返程"较远，"返回"远近皆可，例如：
（3）在北京住了一个月，她和丈夫一同返回W市。（距离较远）
（4）在北京住了一个月，她和丈夫一同返程回到W市。——根据上例改编（距离较远）
（5）走到楼下，小王突然想起来忘了带上午开会要用的资料，又返回家中去取。——笔者例（距离较近）
（6）*走到楼下，小王突然想起来忘了带上午开会要用的资料，又返程回到家中去取。——根据上例改编（距离较远）

在语体色彩上，"返回"通用于口语和书面语，"返程"多用于书面语。"返程"还可构成复合词"返程票""返程客流"等。

❷—闲谈",FE"话题"从不在"说话"的用例中例显,"说话"指的是"随意地谈无关紧要的事";而 FE"话题"可以在"闲谈"的用例中例显,它不是"闲谈"词义的构成成分,"闲谈"指的是"随意地谈"。再如,"返程❷—返回","返程"的 FE"终点"在句中不例显,"返程"指的是"回到原来的地方";"返回"的 FE"终点"在句中例显,"返回"指的是"回(原来的地方)"。

3.2.2.2 FE例显比重有异

有的同义词激活的相同框架,具有相同的框架元素,框架元素在句中都例显,但例显的比重不同,在一词的用例中例显比重高,在另一词的用例中例显比重低。如"自尽—自杀"。

自尽—自杀(GNo.22)

二词均激活了"自杀"框架,核心 FE 为"自杀者"。例如:

(3-247)杀妻后自尽的[自杀者中国新时期朦胧诗派主导人物之一顾城]引起了众议纷纭。

(3-248)[自杀者顾城]自杀了。

"自尽"的核心 FE"自杀者"在绝大多数语例中都例显,而"自杀"的核心 FE"自杀者"大多不例显。例如:

(3-249)[自杀者印尼华侨张力],……因拒绝敌人重金诱降自尽身亡。

(3-250)[自杀者这个女青年]有口难辩,自尽了。

(3-251)近些年来,自杀的案例虽然呈现弱势,但参与邪教活动的人数却与日俱增。

(3-252)如果把该药品作为自杀工具,成人半数致死量(以50KG 体重计)也应为56瓶以上。

此外,"自尽"的非核心 FE"方法"的例显比重也高于"自杀"。"自尽"257条语例中有167例的 FE"方法"得以例显,而"自杀"207条语例中只有26条例显了 FE"方法"。例如:

(3-253)他终经不住革命群众的批斗,[方法悬梁]自尽了。

(3-254)即使[方法饮鸩]自尽,但杀身是否成仁,仍然留下疑问。

(3-255)可怜的钻石匠自知无法交代,就[方法服毒]自尽了。

(3-256) 他感到自己在世上孤苦伶仃,准备 [方法吃安眠药] 自杀。

"自尽—自杀"的这两点差异是相通的,均说明"自尽"多指具体的"自己杀死自己"的行为,"自杀"常用来指这一现象,二词语法意义不同。在指现象时,"自杀"的核心 FE "自杀者"和非核心 FE "方法"一般无需例显,所以造成"自杀"的这两个 FE 例显比重均低于"自尽"。

FE 例显比重不同可能会造成 FE 配用方式的比重不同。如"汇集—聚集"。

汇集—聚集 （GNo.30）①

"汇集"和"聚集"在"集合在一起"②的意义上激活了"个体_聚集"框架,指某人或某物集合在某处,核心 FE 是"个体""集体"和"处所"。"个体"是进行集合活动的人或物;"集体"是个体聚集而成的;"处所"是个体集合的地方或在社会中所处的位置,如某领域之中、某人领导之下等。二词核心 FE 配用方式有如下三种:

1. 个体 + 处所

(3-257) [个体两只火炬,两支巨笔] [处所在天安门前的金水桥上] 汇集了。

(3-258) [处所宣传思想战线] 汇集着 [个体大量知识分子]。

(3-259) [个体将士们] 一堆一堆地聚集 [处所在背风的地方] 烤火。

(3-260) [个体他们] 来不及抚平动乱岁月留下的创伤,甚至还

---

① 同义组的"萃聚"在语料库目标路径中没有检索到用例,搜索引擎检索到的"萃聚"语例也很少。"萃聚"和"聚集"相同,也激活了"个体_聚集"和"使_聚集"框架。例如:
(1) [处所山中] 萃聚了 [个体2000多种植物],林木景色以古、大、高、稀著称。——人民网天津视窗（"个体_聚集"框架）
(2) 萃聚 [个体自唐至今百余珍品]《碑铭撷英》在浙首发。——大公报（"使_聚集"框架）
和"聚集"相比,"萃聚"带有明显的书面语色彩和褒义色彩,FE"个体"往往由"人才""精华""珍贵物品"等词语例显,语义类范围小于"聚集"。

② 《现汉》将"聚集"释为"集合;凑在一起","集合"义为:❶许多分散的人或物聚在一起:全校同学已经在操场~了。❷使集合;汇集:~各种材料,加以分析。对比同义组的其他被释词"汇集""聚拢""聚集",发现它们也有使动义。

没有得到平反昭雪，便聚集[处所到"大百科"的旗下]。

2. 个体+集体

（3-261）这样一个[个体各路精英]汇集的[集体团体]，可能会产生推动政局的力量。

（3-262）所谓巨人之路，就是一条[个体由三万七千多根玄武岩柱]聚集成的[集体一条绵延数千米的堤道]。——中国广播网

3. 个体

（3-263）由于长年的[个体雨水和山泉]汇集，地下水相当丰富。

（3-264）[个体白细胞、血小板]聚集，造成组织缺血、缺氧性损伤。

二词另有使动义，表示"使……集合在一起"，激活了"使_聚集"框架，核心 FE 有"致事"和"使事"。"致事"是使其他人或物集合在一起的人或物，"使事"是被集合在一起的人、物等。例如：

（3-265）[致事他们]购买、汇集[使事稀世珍品]。

（3-266）汇天下之精华就包括了汇集[使事地方台之精华]。

（3-267）[致事张氏父子]为显示淫威，聚集[使事族人300多]。

（3-268）因为只有知人善任，才能聚集和团结[使事更多的人才]。

"汇集"和"聚集"都激活了"个体_聚集"框架，但核心 FE 配用方式的比重不同。"汇集"以"个体+集体"的配用方式比重高，"聚集"以"个体+处所"的配用方式比重高。例如：

（3-269）[集体该协会]汇集了[个体海内外、省内外各界知名人士]。（个体+集体）

（3-270）[集体这支大军]汇集了[个体省内外、海内外关注江西经济建设、热心江西文化事业的有心人]。（个体+集体）

（3-271）按历史惯例，[个体各地藏戏团] 聚集 [处所罗布林卡]，演出各种剧目的藏戏。（个体+处所）

（3-272）[处所家具商场]，聚集了 [个体国内外数百家厂商]。（个体+处所）

3.2.2.3 FE 配用句式有异

同义词所激活的相同框架的框架元素，在句中均例显，但配用而成的句式有异。

聚拢—聚集（GNo.30）

"聚拢"和"聚集"一样，也激活了"个体_聚集"框架，核心 FE 配用方式有如下三种：

（3-273）[个体数百名职工和家属] 聚拢 [处所在井口]。（个体+处所）

（3-274）[个体以不同方式吸食了烟土的人] ……吵吵嚷嚷地聚拢成 [集体一圈]。（个体+集体）

（3-275）[个体路上的闲人们] 聚拢过来。（个体）

"聚拢"还激活了"使_聚集"框架，例如：

（3-276）[致事老太太] ……聚拢 [使事她们的宝贝麦子]。

（3-277）[致事一幅醒目的广告] 聚拢了 [使事男女老少]。

不同的是，在激活"个体_聚集"框架时，"聚集"的核心 FE "个体""处所"可配用为存现句，"聚拢"不可以，且存现句中的"聚集"不宜换成"聚拢"，例如：

（3-278）[处所在那儿] 聚集着 [个体几十家大大小小专营小商品的商店]。

（3-279）[处所哈尔滨地下商业街]，聚集着 [个体几千家商业个体户]。

"聚拢"和"聚集"核心 FE 配用而成的句式有异，"聚拢"只能指集合在一起的动态的动作，"聚集"还可以指集合在一起之后所形成的静态的状态，二词的语法意义不同。①

3.2.3 框架元素的差异和同义度

我们从语义和配用两个角度讨论了激活相同框架的同义词在框架元素的层面上所表现出的差异方面。不同的方面反映了同义词的不同差异。同义词的 FE 语义范围有异时，其适用范围或意义范围不同。FE 语义范围相同而 FE 语义类比重、语义特征比重或语义关系有异时，同义词的适用范围或意义范围相同，但所侧重的适用对象、语义侧重点或所含的意味有异。FE 例显与否有异时，同义词意义成分的多少不同。FE 例显比重或配用句式有异时，同义词的语法意义不同。这些差异对同义度的影响大小不同。FE 例显与否影响词语意义成分的多少，对同义度的影响最大。FE 语义范围有异时，会造成同义词适用范围或意义范围不同，对同义度的影响次之。FE 语义范围相同但语义类比重、语义特征比重或 FE 语义关系有异，不影响同义词的适用范围或意义范围，仅对所侧重的适用对象、语义侧重点或所含的意味有影响。FE 例显比重和配用句式的差异仅影响同义词的语法意义，对同义词的词汇意义没有影响，对同义度的影响较小。

由于研究词目数量有限，我们所总结的同义词在 FE 语义和配用

---

① 此外，二词核心 FE "处所" 的例显比重也不同，"聚拢" 远低于 "聚集"。例如：
  (1) 夕阳西沉，落霞铺地，[个体牛] 聚拢，羊入圈。
  (2) [个体涣散的人心] 迅速聚拢，拼命大干的气氛越来越浓。
  (3) [个体姑娘们] 迅捷地向总书记聚拢。
  (4) 他左手夹烟，右手抓笔，阅读文件时 [个体眉头] 稍稍聚拢，全神贯注。
"聚集" 用于存现句及其核心 FE "处所" 的例显比重高于 "聚拢"，因为 "聚拢" 凸显集合的动态，不凸显集合之后的情况；而 "聚集" 凸显集合后的状态，FE "处所" 就成为被凸显的框架元素。
同义组的 "凑合❶" 也可以激活 "个体_聚集" 和 "使_聚集" 两个框架，例如：
  (5) 因了战争的影响，[个体老死不相往来的人群] 凑合在一块。（"个体_聚集" 框架）
  (6) [致事史迪威] ……还幻想凑合 [使事一部分兵力] 打通滇缅公路。（"使_聚集" 框架）
但 "凑合" 语例较少，未见个体为 "物" 的语例，也未见 "处所" 为社会中所处的位置，"凑合" 也不能用于存现句。此外，和 "聚集" 相比，"凑合" 略有贬义，且多用于口语：
  (7) 结果跟社会上不三不四的人凑合在一块了，共同点都是缺钱花。
  (8) 姑娘家们，不和我们这些小小子儿凑合，她们自己在树荫下跳猴皮筋。

两个角度的各种具体差异可能并不全面。比如，从理论上讲，FE 语义特征有异，除了有包含关系，还应当有交叉关系和相异关系，但在研究词目范围内并未见到。希望后续研究能发现 FE 更多的差异方面。无论具体的差异方面有多少，同义词的不同不外乎体现为前文所述的适用范围、意义范围、语义侧重点等，我们划分同义度等级依据的就是适用范围、意义范围、语义侧重点等所造成的同义词差异的大小，所以即使具体的差异方面可能并不全面，也不影响同义度等级的划分。

3.3 基于框架和框架元素对比的同义度等级划分

3.3.1 同义度等级的划分原则和方案

3.3.1.1 同义度等级的划分原则
划分同义度等级，我们遵循以下两条原则。

1. 就大不就多

对于具体的两对同义词，差异的数量会影响同义度。在多个框架的 FE 上有异的同义词比在其中一个框架的 FE 上有异的同义词间的同义度低；同一个框架的多个 FE 有异的同义词比其中一个 FE 有异的同义词间的同义度低；同一个框架的一个 FE 有多方面差异的同义词可能比其中一个方面有异的同义词间的同义度低。但是，数量因素不会对同义度造成质的影响。比如，某对同义词某个 FE 语义范围即便是很小的差异也能造成同义词适用范围或意义范围的不同，而 FE 语义范围相同时，即便 FE 的语义类比重、语义特征比重、语义关系中的两者或三者都有差异，也仅仅造成同义词多个语义侧重点不同，而不会累积成适用范围或意义范围的差异。所以，本书面向同义动词的整体划分同义度等级时，不考虑差异的数量，只看对同义度影响最大的差异。

2. 就显不就隐

同义词有多项差异时，不追究是哪项差异引起了其他的差异。如"笔立—直立"（详见 3.2.1.1.2），"笔立" FE "直立项"的语义特征范围包含于"直立"，且"笔立" FE "角度"的量域范围包含于"直立"。我们认为是 FE "角度"的差异造成了 FE "直立项"的差异。但划分同义度等级时，只考虑显现出来的差异，并据其划分同义度等级，而不考虑差异背后潜隐的关系。

我们遵循上述两条原则，根据框架和 FE 语义、配用角度的差异，对同义度进行等级划分。

3.3.1.2 同义度等级的划分方案

激活的框架为包含、交叉、相异关系的同义词，其词元义数量或词元义不同，同义词的意义差别较大，同义度较低。激活的框架为相同关系的同义词，其差异从框架元素进行分析。框架元素层面的差异对同义度的影响不同。其中，FE 例显与否影响同义词意义成分的多少，FE 语义范围不同影响同义词的适用范围或意义范围，这两方面有差异的同义词，同义度较低。在上述方面没有差别，仅 FE 语义类比重、语义特征、语义关系中的任一方面或几方面有异的同义词，意义范围和适用范围无异，所侧重的适用对象、语义侧重点或所含有的意味有异，同义度较高。在前述所有方面均无差异，FE 例显比重、配用句式中的任一方面或两方面均有异的同义词，理性意义没有差别，同义度更高。我们将同义度分为三个等级，与框架和框架元素差异的对照如图 3-1 所示。

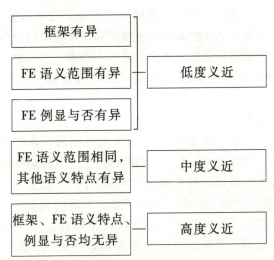

图 3-1　同义词差异方面和同义度等级划分

低度义近的同义词在意义成分多少、适用范围和意义范围上有异。中度义近的同义词在所侧重的适用对象、语义侧重点或所含有的意味上略有差异。高度义近的同义词在词汇意义的理性意义上没有明显差异。

需要特别说明的是，由于研究的深入、研究者或研究目的等的不同，同义度等级的划分原则和划分方案可以有所调整。

3.3.1.3 划分方案对框架概括度不确定性的消融

同义度等级的划分以同义词所激活的框架和框架元素的差异为依据，因此，框架和框架元素的确定对同义度等级的判断有重要影响。如前所述，目前框架语义学在框架的概括度上存在一定的弹性，这一不确定性因素是否会影响同义度等级的划分？是否会出现这样的现象：具体的一对同义词，不同的研究者所确定的框架不同，结果造成同义度等级的不同？

这种担忧是必要的，但随着框架语义学的发展和汉语框架网络的建立、完善，这一问题也是可以解决的。汉语框架网络的建立可以参考英语 FrameNet，采取自上而下和自下而上相结合的方法，把汉语词汇划分为几个大的领域，每个领域逐步确定框架，完善框架所辖词元，建设框架之间的关系，目前就有很多关于 CFN（Chinese FrameNet）的研究。

框架语义学的发展和汉语框架网络的建立、完善需要一定的时间，虽然短期内无法完全消除框架的概括度对同义度等级划分的影响，我们目前同义度等级划分方案也能够消融这一不确定性因素，使它对同义度等级的划分不会产生跨级的影响。以"赔钱❶—赔本"为例予以说明。

赔钱❶—赔本（GNo.6）

二词均指"本钱、资金亏损"。在未对汉语词汇系统进行框架分析之前，仅基于二词的用例，在不同的概括度上，可能会分析得到不同的框架。以较高的概括度，可以认为二词激活了"改变所有物的数量"框架，核心 FE 为"施事"和"所有物"。二词的差异在于"所有物"的语义范围不同。"赔本"的"所有物"是本钱，而"赔钱"的"所有物"可以是本钱，也可以是用本钱所赚取的利润。将下面用例中的"赔钱"和"赔本"互换，即可看出这一差异：

(3-280) 福建的外商投资企业没有一家是<u>赔钱</u>的。

(3-281) 存款越多越<u>赔钱</u>，这在当今中国金融界几乎成为一种共识。

（3-282）海报、招牌上标价比正规商场同类商品的价钱还高，竟也堂而皇之"赔本大甩卖"。

（3-283）本是靠集资出图，是所谓"羊毛出在羊身上"，只要能出图，便不会赔本。

二词激活的框架相同，FE 的语义范围有异，按照同义度等级划分方案，应属低度义近。而以较低的概括度，可以认为二词激活了不同的框架，"赔本"激活的是"赔本"框架，指亏损本钱；"赔钱"激活的是"赔钱"框架，指亏损资金。二词激活的框架相异，按照本书的同义度等级划分方案，也属低度义近。

虽然框架的概括度存在一定的弹性，但对同义词的辨析最终会细化至框架元素的层面，而框架元素基于词语的用例确定，争议较小。同义词的差异如果未在框架的层面上呈现，即会在框架元素的层面上呈现。我们的划分方案将框架和框架元素语义范围有差异的同义词归为同一等级，消融了框架概括度的不确定性对同义度等级划分的影响。

3.3.2 同义度等级的划分例示

举例说明如何对动词的同义度等级进行划分。

领道—带路（GNo.26）

二词均指"带领不认得路的人行进"，激活了"带路"框架，指某人带领他人行进，核心 FE 有"带路者"和"不识路者"。例如：

（3-284）[带路者你] 领道，我掩护，说走就走！

（3-285）不成问题！有 [带路者赛虎] 领道。

（3-286）[带路者由一名驮运行李的门巴族老乡] 带路，我们沿着一条幽暗潮湿的马行道走了整整一天。

（3-287）[带路者朱国明和另外两名老乡] [不识路者给部队] 带路。

二词 FE 的语义角度和配用角度均未见差异。在语体色彩上，"领道"用于口语，"带路"通用于口语和书面语。在构词上，"带路"可用来构成复合词"带路人"，而"领道"不可以。根据同义度等级划分方案，二词属于高度义近。

停息—停止（GNo. 38）

"停止"激活了四个框架："活动_停止""现象_停止""使_停止""施事_停止_活动"，详见 3.1.2.2.1。"停息"可以激活"活动_停止"和"现象_停止"两个框架，例如：

（3-288）[活动我生活和事业的动荡]从没有停息过。（"活动_停止"框架）

（3-289）[活动有硝烟的战争]从未停息，没有硝烟的战争到处蔓延。（"活动_停止"框架）

（3-290）天快黑时，[现象风雪]停息了。（"现象_停止"框架）

（3-291）[现象地震]一停息，趁火打劫的匪徒即四出作案。（"现象_停止"框架）

"停息"的少量语例也激活了"施事_停止_活动"框架，例如：

（3-292）[施事高新区的领导和建设者们]在七百多个日日夜夜里，一刻也没有停息过[活动拼搏]。

（3-293）当[施事康熙皇帝]开始实行满蒙友好政府、停息[活动边陲战火]之后，山西商人反应最早。

但"停止"激活"施事_停止_活动"框架的很多语例不能换用"停息"，例如：

（3-294）[施事父母的心脏]都停止了[活动跳动]，完全忘记了儿子在什么地方。

（3-295）到1938年3月德军入侵奥地利时，[施事列车]停止[活动行驶]。

"停息—停止"之所以有这一差异，主要是因为二词的非核心FE"实现时间"的量域范围不同。"停息"和"停止"是非持续性动词，其非核心FE"实现时间"表示从活动转变成不活动所需要的时间，"停息"的"实现时间"较长，而"停止"的"实现时间"较短。在二词共同激活的"活动_停止""现象_停止"框架上，它们也有这个差异。

语料库中也未见"停息"激活"使_停止"框架的语例。用"停息"替换激活此框架的"停止"发现，核心FE"被停止项"为使事的自主活动时，"停止"可以换为"停息"；"被停止项"为非自主的活动

或资格、待遇时,"停止"不能换为"停息"。例如:

(3-296) 只有休斯打破沉默,道出真情,才会停止[使事人们]的[活动臆测]。(被停止项"臆测"为人们的自主活动,可以换用"停息")

(3-297) 1975年12月,终于发起了"批邓、反击右倾翻案风"的运动,并实际停止了[使事邓小平]的[活动一切工作]。(被停止项"一切工作"不是使事的自主活动,不能换用"停息")

(3-298) [致事在首相争夺战中获胜的菅直人]……强行停止[使事其][资格党员资格]。(被停止项为资格,不能换用"停息")

(3-299) 研究生普通奖学金一般不超过三年,在统一派遣方案下达后的第二个月起停止[使事其][待遇奖学金]。(被停止项为待遇,不能换用"停息")

可见,"停息"也可以激活"使_停止"框架,但FE"被停止项"的语义特征范围小于"停止"。

综上,"停息—停止"的差异主要有:1)二词共同激活的四个框架的非核心FE"实现时间"的量域范围有异,"停息"较长,"停止"较短。2)"使_停止"框架的FE"被停止项"的语义特征范围,"停息"小于"停止"。根据同义度等级划分方案,二词属于低度义近。

物故、物化—去世（GNo.41）

三词均指"（成年人）死去;逝世",激活了"去世"框架,核心FE为"逝者"。"物故""物化"的FE"逝者"为道教的信奉者、尊崇者,即便不是道教的信奉者、尊崇者,至少也非其他宗教信仰者;"去世"的FE"逝者"可以具有这一语义特征,也可以没有这一特征。两对同义词FE"逝者"的语义特征范围有异。另外,"物故""物化"书面语色彩浓厚,"去世"通用于口语和书面语。根据同义等级划分方案,二词属于低度义近。

3.3.3 同义度等级的分析模式

本书的同义度分析方法与等级划分方案可以为动词同义度等级的研

究提供范式。按照以下方法和流程即可判断动词的同义度等级。

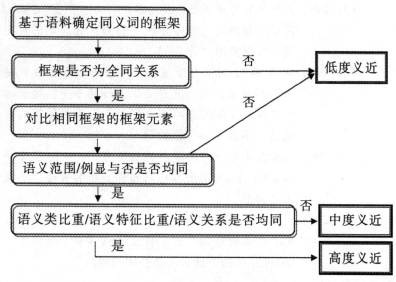

图 3-2 同义度等级的分析模式

3.4 小结

按照同义度的分析流程，我们首先对比了被释词和释词激活的框架，发现框架之间的四种关系：全同、包含、交叉、相异。我们把框架层面的差异作为影响同义度的因素之一。

激活相同框架的，从语义和配用两个角度对比框架元素的差异。框架元素在语义上的差异包括：FE 语义范围有异（具体表现为：FE 语义类范围有异，FE 语义特征范围有异，FE 量域范围有异）和 FE 语义范围相同但有语义方面的其他差异（具体表现为：FE 语义类比重不同，FE 语义特征比重有异，FE 语义关系有异）。框架元素在配用上的差异包括：FE 例显与否，FE 例显比重，FE 配用方式。框架元素的这些差异方面中，FE 例显与否对同义度的影响最大，其次为 FE 语义范围有异，再次为 FE 语义类比重有异、语义特征比重有异和 FE 语义关系有异，而 FE 例显比重和配用句式的差异仅影响同义词的语法意义，对同义度的影响最小。

本书划分同义度等级遵循两条原则：就大不就多，就显不就隐。遵循这些原则，根据同义词在框架、FE 的语义和配用上的差异，将同义度划分为低度义近、中度义近和高度义近三个等级。低度义近词在词义成分的多少、适用范围和意义范围上存在差异。中度义近词在所侧重的适用对象、语义侧重点或所含有的意味上略有差异。高度义近词在理性意义的各方面均无差异。

第四章 不同等级的同义动词

本章将分析前几章未辨析的同义词的同义度等级，按照低度、中度、高度义近的顺序讨论不同等级同义词的特点。前面几章辨析过的同义词，虽然没有明确指明其同义度等级，但根据分析，对照同义度等级的划分方案，能够确定其同义度等级，本章不再赘述。

4.1 低度义近的同义动词

低度义近的同义词在框架、FE 的语义范围、FE 例显与否的任一方面或几方面有异。激活的框架不是全同关系而是包含、交叉、相异关系的被释词和释词已全部在 3.1 呈现，此处不再重复。仅从造成低度义近的其余四种因素即 FE 语义类范围有异、FE 语义特征范围有异、FE 量域范围有异、FE 例显与否有异来看，研究词目范围内，低度义近的同义词有以下几种情况。

4.1.1 FE 语义类范围有异

有些同义词仅 FE 语义类范围有异，在造成低度义近的其他因素上未见有异。

4.1.1.1 FE 语义类范围有异，未见 FE 其他差异

有的被释词和释词仅某一个框架元素的语义类范围有异。
装扮❸—假装（GNo.5）
二词均激活了"假装"框架，指的是某人装出某种假象，核心 FE 是"施事"和"假象"。"假装"的"假象"可以是情绪、性情、具体动作、行为、情况或身份等，详见 3.2.1.1.2。而"装扮"的"假象"仅限于身份，不能是情绪、性情、具体动作、行为等，例如：

（4-1）他……把自己<u>装扮</u>成[假象不是以首相而是以"个人身份"前去参拜的]。

(4-2) 公安机关领导同志叹服于宋豫秦的才华和谈吐，于是试探请他亲自<u>装扮</u>[假象文物买主]，和盗贩文物罪犯谈判出卖价格。

当"假装"的"假象"是情绪、性情、具体动作、行为等语义类时，不能换用"装扮"。例如：

(4-3) <u>假装</u>[假象不在乎]并没有什么意义。（情绪）

(4-4) 这种人一面窥伺你，一面却<u>假装</u>[假象恭顺]地瞧着地面。（性情）

(4-5) 他们放弃了<u>假装</u>[假象跳舞]。（具体动作）

(4-6) 要是你口袋里没有一百元钱，不要<u>假装</u>[假象你有这些钱]。（行为）

"装扮"FE"假象"的语义类范围包含于"假装"。

淆乱❷—扰乱（GNo.9）

二词均指"搅扰；使混乱或不安"，激活了"扰乱"框架，指某人搅扰他人做某事或处于某种状态，核心FE有"干扰项"和"被扰项"。"扰乱"的FE"被扰项"可以是人、人的情绪、肌体功能或社会秩序等，概括而言，是人或社会正常的秩序或状态。例如：

(4-7) [干扰项康家寨的民兵]，前几天就计划好过大年要来<u>扰乱</u>[被扰项敌人]。（"被扰项"是人）

(4-8) [干扰项全场观众]用狼嗥声来<u>扰乱</u>[被扰项客队人心]。（"被扰项"是人的情绪）

(4-9) [干扰项那炫目刺眼的强烈光波]，……<u>扰乱</u>[被扰项肌体的自然平衡]。（"被扰项"是肌体功能）

(4-10) [干扰项盗版活动的猖獗]，<u>扰乱</u>了[被扰项文化市场和经济活动的正常秩序]。（"被扰项"是社会秩序）

"淆乱"在语料库中仅有4条语例，借助搜索引擎检索语料，发现"淆乱"也激活了"扰乱"框架，FE"被扰项"可以是社会秩序，还可以是是非正误，但未见人、情绪等。例如：

(4-11) [干扰项大红蟒衣里面戴着绣花肚兜儿的官员]，照样会<u>淆乱</u>[被扰项朝纲]。（"被扰项"是社会秩序）

(4-12) 湖北总督于是大怒，称[干扰项此文]……<u>淆乱</u>[被扰项

政体]，扰乱治安。——凤凰网（"被扰项"是社会秩序）

(4-13) 报纸中也有此种广告，盗取名义，淆乱[被扰项黑白]，骗取金钱。（"被扰项"是是非正误，不宜换用"扰乱"）

"淆乱"和"扰乱"FE"被扰项"的语义类范围是交叉关系。另外，"淆乱"书面语色彩浓厚，"扰乱"通用于口语和书面语。

蹦跳—跳跃（GNo.15）

二词均指"腿上用力，使身体突然离开所在的地方"①，均激活了"跳跃"框架。不同之处在于，"跳跃"的非核心 FE"方式"是"跳"，"蹦跳"的"方式"可以是"跳"，还可以是"蹦"且多为"蹦"，二词 FE"方式"的语义类范围不同。在"方式"仅为"跳"的语例中，"蹦跳"可以换用为"跳跃"；在"方式"同时含有"蹦"的语例中，不能换用。例如：

(4-14) 一旦雄狮不得不自己觅食时，它也不像人们所想象的那样会向目标优雅地蹦跳冲击、一举击倒猎物、人道地咬断其脖子等等。（跳跃方式可能只有"跳"一种，可以换用"跳跃"）

(4-15) 知青蹦跳过的篮球场被雨水冲得沟沟洼洼，和满了野苋菜。（在篮球场活动，跳跃方式有"蹦"和"跳"两种，不能换用"跳跃"）

(4-16) 她样子瘦小得可怜，手里提着鞋，赤着足陪我走，不时要蹦跳几步才能跟得上我的大步。（换用"跳跃"后，方式变成了"跳"一种，句义微变）

另外，"蹦跳"没有比喻用法，"跳跃"有比喻用法。下面比喻用法的"跳跃"不能换用"蹦跳"：

(4-17) 河北省与全国发达省市相比还有一定距离，但市场建设的超常规、跳跃性的发展，正从另一条跑道，为河北省的经济腾飞助跑。

---

① 《现汉》用"跳"对释"跳跃"，这是"跳❶"的释语。

（4-18）瞄准世界先进水平跳跃式前进。

此外，"蹦跳"多用于口语，"跳跃"通用于口语和书面语；"蹦跳"可以重叠用如"蹦蹦跳跳"，"跳跃"不能重叠。

戏耍❶—戏弄（GNo.16）

二词均指"耍笑捉弄；拿人开心"，激活了"戏弄"框架，核心FE有"戏弄项"和"被戏弄项"。它们的FE"戏弄项"都可以是人，FE"被戏弄项"可以是人或动物。例如：

（4-19）而[戏弄项那写《论衡》的王充]，戏耍[被戏弄项曾参]说："母疾，曾参病否？母故，曾参亡否？"（"戏弄项""被戏弄项"均为人）

（4-20）[被戏弄项此猴]……不是[戏弄项阁下]可任意戏耍的。（"戏弄项"是人，"被戏弄项"是动物）

（4-21）[戏弄项伙伴们]挪揄甚而戏弄[被戏弄项我]，没人与我一起玩。（"戏弄项""被戏弄项"均为人）

（4-22）他父亲投以赞赏的目光，看着[戏弄项儿子]戏弄[被戏弄项那条鱼]。（"戏弄项"是人，"被戏弄项"是动物）

"戏弄"的FE"戏弄项"还可以是拟人的事物，FE"被戏弄项"还可以是人的感情或事物。未见"戏耍"的"戏弄项"和"被戏弄项"有这样的语义类，不过"戏耍"可以替换"戏弄"的"戏弄项"是拟人事物的用例，也可以替换"被戏弄项"是人的感情的用例，但不宜替换"被戏弄项"是事物的用例。例如：

（4-23）然而[戏弄项历史]常常戏弄[被戏弄项一些英雄]，不给他们一种英雄史诗般的死亡形式。（"戏弄项"是拟人的"历史"，"被戏弄项"是人，可以换用"戏耍"）

（4-24）[戏弄项恋爱过一次的顾志达]，为什么……要那样残酷地戏弄[被戏弄项她的纯真的初恋]呢？（"戏弄项"是人，"被戏弄项"是人的感情，可以换用"戏耍"）

（4-25）大众文化就可以肆无忌惮地向社会倾销实际上是对[被戏弄项人类智力]的戏弄与侮辱的文化垃圾。（不宜换用"戏耍")

(4-26) 对[被戏弄项社会怪现象]多予讽刺戏弄，使其更显得夸大和反常，逗人一笑之外，更能启发读者深思。（不宜换用"戏耍"）

可见，"戏耍" FE "被戏弄项"的语义类范围包含于"戏弄"。

搭界❶—交界（GNo.29）

"交界"的用法详见 3.2.1.1.3。和"交界"相同，"搭界"也激活了"交界"框架，核心 FE 有"域"和"交界部分"，核心 FE 的配用方式有"域+交界部分"和"域"两种。例如：

1. 域+交界部分

(4-27) 与城市不同，在[域1长沙东北角][域2与汨罗]搭界的[交界部分影珠山乡下]，感觉不到战争的气氛。

(4-28) 记者驱车来到[域1临淄][域2与青州]搭界的[交界部分一处农田]里，一眼望去尽是绿油油的大葱。

2. 域

(4-29) [域1该地块][域2与我县岳龙镇]搭界。

(4-30) [域1刘桥镇]……[域2与河南]搭界。

"交界"的核心 FE "域"除了可以是国家、省、市等政治或行政区划，还可以是非行政区划的区域或学术研究的领域，甚至是季节，例如：

(4-31) 只见两个庞大的黑东西，各坠着四五个降落伞徐徐向[域1山林][域2与坝子]交界的地方落下。（区域）

(4-32) 他不想马上就睡，便走出门口，在[域1他家][域2和陈家]交界的地方，那棵白兰树旁边，站了一会儿。（区域）

(4-33) 认知科学是在[域神经科学、心理学、科学语言学、计算机科学乃至哲学]的交界面上发展起来的。（学术领域）

(4-34) 我最不喜欢[域1秋][域2冬]交界的那一段日子。（季节）

"搭界"的"域"仅见省、市等行政区划，未见其他，语义类范围包含于"交界"。上面语例"域"是非行政区划的用例中的"交界"不能换用"搭界"。语体上,"搭界"具有口语色彩,"交界"通用于口语和书面语。

丧身—丧命（GNo.31）

二词均激活了"丧命"框架,核心 FE 为"逝者",都可以由表人短语例显,但它们的非核心 FE"原因"的语义类范围不同。二词的 FE"原因"都可以是"自然灾害""人为事故""战争"。例如:

(4-35) 五月八日,香港暴雨成灾,造成街道被淹和山泥倾泻,五人丧身,多人受伤。("原因"为"自然灾害")

(4-36) 在法国的一条公路上文学巨匠加缪丧身在一场车祸之中。("原因"为"事故")

(4-37) 有的外交人员丧身战火。("原因"为"战争")

(4-38) 父子俩到汾河中间放置绢袋,突然一股洪水袭来,俩人几乎丧命。("原因"为"自然灾害")

(4-39) 一场意外的大火把吴厚斌烧得面目全非,险些丧命。("原因"为"事故")

(4-40) 正在苏呼米市进行视察的谢瓦尔德纳泽 16 日遭炮弹袭击险些丧命。("原因"为"战争")

"丧命"的 FE"原因"还可以是"疾病",未见"丧身"的 FE"原因"是"疾病"的。在"原因"是"疾病"的语例中,"丧身"也不宜替换"丧命"。例如:

(4-41) 自从刘君被调回国后,阿娟重病一场,险些丧命。

(4-42) 连气带冻,沃森染上了肺炎,着实大病了一场,险些丧命。

可见,"丧身"的 FE"原因"的语义类范围小于"丧命"。①

---

① 同义组的被释词"陨灭"在语料库中检索到的语例极少,FE"逝者"仅见星星和人:
(1) 他像行将陨灭的彗星,光华四射。
(2) 这一巴西巨星的陨灭使车手们感到死神时刻伴随着狂飙赛车。
"丧命"的"逝者"只能是人,"陨灭"的"逝者"的语义类范围大于"丧命"。

依托—依靠（GNo.35）

二词在"指望（某种人或事物来达到一定目的）"的意义上均激活了"依靠"框架，指谁依靠某人或某物做什么，核心FE有"依靠项""被依靠项"和"目的"。"依托"的FE"被依靠项"仅见事物、活动，未见人；"依靠"的FE"被依靠项"可以是事物、活动，还可以是人。"依托"的FE"被依靠项"语义类范围小于"依靠"。例如：

(4-43) 以集镇为中心，依托[被依靠项市场]，创建具有辐射功能的工贸小区。（"被依靠项"为事物，可以换用"依靠"）

(4-44) 要发挥行业优势，依托[被依靠项社会支持]，统筹规划，带动当地经济共同发展。（"被依靠项"为活动，可以换用"依靠"）

(4-45) 山西中部每年生产8000万吨煤，而每年依靠[被依靠项铁路]只能运出5000万吨。（"被依靠项"为事物，可以换用"依托"）

(4-46) 依靠[被依靠项农业科技进步]，提高土地和各种农业资源的单位产出率。（"被依靠项"为活动，可以换用"依托"）

(4-47) 既要学习群众，依靠[被依靠项群众]，又要宣传群众，组织群众。（"被依靠项"为人，不能换用"依托"）

有些同义词两个或多个框架元素的语义类范围均有异。

损伤❷—损失❶（GNo.13）

"损失"指"消耗或失去"，激活了"损失"框架，指某人失去了某人或某物，核心FE有"主体"和"损失项"。FE"主体"可以是人、军队、国家等；FE"损失项"可以是钱财、人或物等，例如：

(4-48) [主体联想]三个月损失了[损失项1700万美元]。（"主体"是公司，"损失项"为金钱）

(4-49) 从战场总兵力来看，[主体我们]虽然损失了[损失项近两千人]，仍比蓝军多出近两千。（"主体"是军队，"损失项"为人）

(4-50) 海湾战争还使[主体中东6国]损失了[损失项8000亿美元]。（"主体"是国家，"损失项"为金钱）

(4-51) 成灾面积4.46亿亩，绝收面积1.02亿亩，因灾损失[损失项粮食产量150亿公斤以上]。（"损失项"为物）

"损伤"也激活了"损失"框架，但其FE"主体"一般是军队，FE"损失项"仅限于人或畜等有生物，未见其他。例如：

(4-52) 这一仗，怪我自己没经验，宿营后粗心大意，损伤了[损失项五六十人]，连我自己也几乎完了。

(4-53) [主体他们]不仅怕损伤[损失项过多人马]，而且心中还是有几分怀疑。

FE"主体"和FE"损失项"的语义类范围，"损伤"均包含于"损失"。

照顾❷—照料（GNo.19）

二词均指"关心料理"，激活了"照料"框架，核心FE有"照料者""被照料者"和"被照料项"。"照料者"是人，"被照料者"可以是人、动物或事物，"被照料项"是事情。不考虑核心FE"照料者"，其他核心FE的配用方式如下：

1. 被照料者

(4-54) [照料者她]……照料[被照料者卧病在床的婶婶]。（"被照料者"为人）

(4-55) 每天除开照料[被照料者黑马]之外，我就到学校的乳牛圈和伙房后面去。（"被照料者"为动物）

(4-56) [照料者科技人员]……精心照料着[被照料者这新奇而陌生的系统]。（"被照料者"为事物）

(4-57) [照料者他]也经常照顾[被照料者孙实根老太太]。（"被照料者"为人）

(4-58) 李强留下[照料者四个亲兵]照顾[被照料者战马]。（"被照料者"为动物）

(4-59) [照料者四大爷]要照顾[被照料者家]，早走一步。（"被照料者"为事物）

2. 被照料项

(4-60) [照料者她]经人介绍到医学教授李宏达家照料[被照料项家务]，挑起了生活和为儿治病两副重担。

(4-61) 住进那公寓以后 [照料者你] 得照顾 [被照料项我的生活]。

3. 被照料者 + 被照料项

(4-62) [照料者他们] 进去照料 [被照料者总理] [被照料项起床洗漱和更衣]。

(4-63) [照料者我] ……照顾 [被照料者他] [被照料项漱口]。

二词不同之处在于，非核心 FE"照料方式"和核心 FE"被照料项"的语义类范围不同。"照顾"的 FE"照料方式"可以是动手料理，也可以是关心照看，FE"被照料项"虽然较少例显，但语义类范围广，可以是和"被照料者"相关的任何事情。"照料"的 FE"照料方式"为动手料理，而非仅关心照看，FE"被照料项"虽然也较少例显，但多为和"被照料者"密切相关的具体事情。例如：

(4-64) 丁尚武本来想留下来打掩护，孙定邦怕肖飞一个人领着几十个妇女照顾不过来，硬撑着他跟大队走了。（不是肖飞亲自替几十个妇女料理事情，而是关心照看她们；"被照料项"可以是安全、生活、思想等）

(4-65) 马慕韩说得好，他是办棉纺厂的，对西药业外行，精力照顾不过来。（不一定是亲自料理，而是领导照看；"被照料项"很多，大到发展思路，小到具体事务）

(4-66) 研究表明，婴儿在 6 个月到两岁之间，若是没有母亲持续不断地给予照料，会伤害到他一生与人建立深切和持久的人际关系的能力。（母亲料理婴儿生活方面的具体事情）

(4-67) 村子外是被细心照料着的农田。（料理农田浇水、施肥、播种等方面的具体事情）

语体色彩上，二词均通用于口语和书面语，但"照料"多用于口语，"照顾"多用于书面语。

4.1.1.2 FE 语义类范围和 FE 其他语义特点有异

有些低度义近的同义词仅 FE 语义类范围不同，在其他造成低度义近的因素上未见有异，但语义方面有其他差异，如 FE 的语义类比重、语义特征比重和语义关系。先看语义类范围和语义类比重都有异的低度义近的同义词。

耍弄❷—戏弄（GNo.16）

二词均激活了"戏弄"框架。"戏弄"的 FE"被戏弄项"可以是人，也可以是动物、人的感情或事物，详见 4.1.1.1。"耍弄"的 FE"被戏弄项"仅见人，未见其他。例如：

(4-68) 他们任意嘲笑我，耍弄[被戏弄项我]。

(4-69) 这头公鹿彻头彻尾地耍弄了[被戏弄项我]。

在"被戏弄项"为动物、人的感情时，"耍弄"可以替换"戏弄"，例如①：

(4-70) 他父亲投以赞赏的目光，看着[被戏弄项儿子]戏弄[被戏弄项那条鱼]。（"被戏弄项"是动物，可以换用"耍弄"）

(4-71) [被戏弄项恋爱过一次的顾志达]，为什么……要那样残酷地戏弄[被戏弄项她的纯真的初恋]呢？（"被戏弄项"是人的感情，可以换用"耍弄"）

但"被戏弄项"为事物时，"耍弄"不能替换"戏弄"，例如：

(4-72) 一些走红的通俗小说以调侃人生、戏弄[被戏弄项人生]为时尚。

(4-73) 谁戏弄[被戏弄项法律]，谁就会受到法律的惩罚。

可见，"耍弄"FE"被戏弄项"的语义类范围包含于"戏弄"。另外，"戏弄"的非核心 FE"目的"多为捉弄别人来开心，也可以是欺骗。例如：

(4-74) 他非常善于嘲笑乃至戏弄他的敌手、对手，谈笑风生而又出人意料。（"目的"是捉弄）

(4-75) 他戏弄了皇帝还要使皇帝感觉到自己的英明。（"目的"是捉弄）

(4-76) 老东山喝道，"说，你为么骗我！说，为么戏弄我侄女！"（"目的"是欺骗）

---

① 由于"戏弄"的"被戏弄项"为动物、人的感情的用例较少，此处所举的这两例在前文出现过。

而"耍弄"的非核心 FE"目的"可以是捉弄别人来开心,也可以是意在欺骗,但多为后者。例如:

（4-77）我在法西斯眼里是个瘦弱不说话的支那女孩,他们任意嘲笑我,<u>耍弄</u>我。("目的"是捉弄)

（4-78）又有多少优秀分子被这种小人魔术<u>耍弄</u>过?("目的"是欺骗)

（4-79）你骗人!你们<u>耍弄</u>人!你不要拿那些大道理哄我们老百姓了。("目的"是欺骗)

综上,"耍弄—戏弄"的差异在于:FE"被戏弄项"的语义类范围是包含关系,非核心 FE"目的"的语义类比重不同。语体上,"耍弄"多用于口语,"戏弄"通用于口语和书面语。

有些低度义近的同义词,语义类范围有异,语义关系也不同。

心疼❶—疼爱（GNo.14）

"疼爱"指"关切喜爱",激活了"疼爱"框架,核心 FE 有"经事"和"对象"。"疼爱"的 FE"对象"一般是"经事"的晚辈,也可以是同辈;多和"经事"有亲属关系,也可以没有;还可以是事物。例如:

（4-80）[经事父亲]……心中最<u>疼爱</u>的就是[对象七个孩子中最小的傅春英]。(长辈对晚辈,有亲属关系)

（4-81）黄莹同学是[经事她]最<u>疼爱</u>的[对象学生]。(长辈对晚辈,无亲属关系)

（4-82）为妻子服务,已成为[经事农村汉子]<u>疼爱</u>[对象妻子]的一种表现。(平辈之间)

（4-83）好像春天在林间泉边开过一朵叫[经事人]<u>疼爱</u>的[对象茶花]。("对象"为事物)

这里需要说明"心疼"的义项划分,以明确"心疼❶"的意义。《现汉》将"心疼"释为:

【心疼】动❶疼爱:老太太最~小孙子。❷舍不得;惋惜:~钱｜瓷瓶摔碎了,老人~极了。

(【舍不得】动很爱惜,不忍放弃或离开,不愿意使用或处置：妈妈～孩子出远门｜他从来～乱花一分钱。

【惋惜】*形* 对人的不幸遭遇或事物的不如人意的变化表示同情、可惜：大家对他英年早逝深感～。）

由释义可见，"心疼❷"的"对象"可以是人，指"对人的不幸遭遇或不如意的情况等表示同情"，"对象"和"经事"可以有血缘关系也可以没有血缘关系；"心疼❷"的"对象"也可以是物，指"对物很爱惜，不愿使用或处置"。在人有不幸遭遇或不如意的情况时，一般是"心疼❷"。例如：

(4-84) 她又心疼女儿又恨自己，心如刀割一般痛。（人，有亲属关系）

(4-85) 工人们心疼他们的厂长，要求他搬到带卫生间的屋子里去。（人，没有亲属关系）

(4-86) 工人们开始心疼这些不废的废钢，千方百计收旧利废。（物）

(4-87) 老人心疼花销太大。（物）

而"心疼❶"的FE"对象"均为人，未见其他语义类，且"对象"和"经事"有亲属关系。例如：

(4-88) [经事老曹] 最心疼 [对象这个外孙]，这孩子从出生4个月，就在他的身边，一直长到20岁。

(4-89) [经事谁] 不心疼 [对象自己的亲骨肉]。

综上，"心疼"的"对象"的语义类范围包含于"疼爱"，二词"对象"和"经事"间的语义关系也不同。

照应—照料（GNo.19）

二词均指"关心料理"，激活了"照料"框架，核心FE有"照料者""被照料者"和"被照料项"。"照料"的用法详见4.1.1.1，其FE"被照料者"可以是人、动物或事物。而"照应"的FE"被照料者"的语义类未见动物，语义类范围小于"照料"，例如：

(4-90) [照料者妈] 从多远的路赶来照应 [被照料者你] ……（人）

(4-91) 何况 [照料者他们] 得照应 [被照料者他们] 的 [被照料项买

卖]。(人)

(4-92) [照料者荒妹] …… 照应[被照料者三个妹妹][被照料项睡下]。(人)

(4-93) 正在主席台后侧照应[被照料者扩音器]的[照料者镇广播站播音员]赶紧跑出来。(事物)

另外，"照应"的核心 FE "照料者"和"被照料者"的角色多可互换，常说"相互照应"等，但"照料"的 FE "照料者"和"被照料项"没有这种关系。例如：

(4-94) 既是友人便应相互照应。

(4-95) 老乡……也会彼此照应，奋力向前。

(4-96) [被照料者你俩]没[照料者大人]照料，都会饿死冻死的。（"照料者"和"被照料者"角色不能互换）

(4-97) 得罪了她，我不在家的时候[照料者她]能好好儿照料[被照料者妈]吗？（"照料者"和"被照料者"角色不能互换）

"照应—照料"二词 FE "被照料者"的语义类范围有异，FE "照料者"和"被照料者"的语义关系有异。

有的低度义近的同义词，语义类范围有异，语义类比重和语义关系都有异。

玩弄❷—戏弄（GNo.16）

二词均激活了"戏弄"框架。"戏弄"的 FE "被戏弄项"可以是人，也可以是人的感情、动物或事物，详见4.1.1.1。"玩弄"的"被戏弄项"仅见人、人的感情或事物，但未见动物。在 FE "被戏弄项"是动物的语例中，"玩弄"也不宜替换"戏弄"，"玩弄"的"被戏弄项"的语义类范围包含于"戏弄"。例如：

(4-98) 黄仲林发觉[戏弄项朱延年]在玩弄[被戏弄项自己]，深深地感到受了莫大的污辱。（"被戏弄项"为人）

(4-99) 既然[戏弄项当权者]玩弄[被戏弄项他的天真]……（"被戏弄项"是人的感情）

(4-100) "白水事件"调查在很大程度上是在玩弄[被戏弄项政治]。（"被戏弄项"是事物）

(4-101) 他曾经给柯拉吃浸透了蜜的烟草,使它惊跳起来,以此来戏弄 [被戏弄项它]。("被戏弄项"是动物,不宜换用"玩弄")

在 FE"戏弄项"和"被戏弄项"均为人时,"戏弄"的"戏弄项"和"被戏弄项"之间的关系多样,而"玩弄"的"戏弄项"和"被戏弄项"多是男女关系,例如:

(4-102) 人们钦佩着"才德兼备"的林伯唐教授,却没有人说 [戏弄项他] 曾怎样残酷地玩弄了 [被戏弄项可怜的秀妮]。

(4-103) 甚至连那个玩弄 [被戏弄项女人] 的 [戏弄项老手冯老兰],也再不敢想着她。

(4-104) [被戏弄项像老驴头这样人家的姑娘],被 [戏弄项人] 玩弄是应该的。

(4-105) 他骂 [戏弄项我] 玩弄 [被戏弄项男性]。

由上面的语例也可以看出,"玩弄"的非核心 FE"目的"多为"欺骗",而"戏弄"的"目的"多为"捉弄",二词 FE"目的"的语义类比重不同。综上,"玩弄—戏弄"FE"被戏弄项"的语义类范围是包含关系,FE"目的"的语义类比重不同,FE"戏弄项"和"被戏弄项"间的语义关系有异。

遗弃❶—抛弃(GNo.37)

"抛弃"指"扔掉不要",激活了"抛弃"框架,核心 FE 有"施事"和"被弃项",FE"被弃项"可以是人、物、想法、做法等。当 FE"被弃项"是人时,"抛弃"含有不道德的意味;当 FE"被弃项"是物时,并非都是无用东西;当 FE"被弃项"是想法、做法时,好的、不好的都有。例如:

(4-106) 做一个女子为什么就应该嫁到别人家去,抛弃了 [被弃项自己所爱的人] 去陪伴别人呢?(人)

(4-107) 他命令他们趁敌人未到面前,赶快抛弃 [被弃项马匹]。(有用的具体事物)

(4-108) 这时他已完全失去主宰,已 [被弃项把道义] 全都抛弃。(好的观念)

(4-109) 他写了一篇《致大不列颠工人阶级》印在书前，叙述自己怎样抛弃[被弃项资产阶级的社交活动和宴会]，避开闲谈和讨厌的礼节。（落后的做法）

"遗弃"也激活了"抛弃"框架，但核心 FE "被弃项"均为人和具体事物，未见想法、做法等抽象事物，也不能替换"抛弃"的 FE "被弃项"为想法、做法的用例。例如：

(4-110) 姚生芝感到自己是被社会遗弃之[被弃项人]。（人）

(4-111) 西班牙全国有[被弃项7.5 万只家养名犬和 15 万只猫]被遗弃街头。（动物）

(4-112) 用渔民遗弃的[被弃项破网]做袋兜。（具体事物）

(4-113) [被弃项圈村高家山 2000 多亩地]被村人遗弃。（具体事物）

二词非核心 FE "方式"的语义类比重也不同，"遗弃"多指"留在原地"不要，"抛弃"多指"扔掉"不要。下面语例中的"遗弃"和"抛弃"不宜互换：

(4-114) 海基会人员及专家等接着又看了从三名案犯处起获的所有作案工具，包括作案用摩托艇、猎枪、民用炸药和遗弃在现场的汽油桶等。

(4-115) 关于日军遗弃在中国的化学武器问题，钱其琛要求日方切实承担责任。

(4-116) 改革是一个痛苦的脱胎换骨的过程，包括要抛弃许多过去我们所熟悉的东西。

(4-117) 最大的健康护理公司美国强生公司最近在北京、天津和沈阳同时推出抛弃型隐形眼镜。

"遗弃"除了"抛弃"义，另有一个意义是"对自己应该赡养或抚养的亲属抛开不管"。而"遗弃"表示"抛弃"、FE "被弃项"为人时，"施事"多为"上帝""社会""生活"等不表人的词语，"施事"和"被弃项"之间没有亲友关系或道义上的义务。这与"抛弃"的"施事"和"被弃项"之间的语义关系不同。例如：

(4-118) [施事上帝]没有遗弃[被弃项我们]。（上帝和信仰者之间）

(4-119) 很多人认为自己年轻力壮时把青春都献给了工厂，现在企业效益不景气是管理上的失误，怎能"殃及"我们这些昔日的功臣？[被弃项他们] 普遍有一种被遗弃的失落感和无辜受害的抱怨。(企业和工人之间)

(4-120) 他们虽然傻，但是还没傻到不认我这个娘的地步。[施事我] 抛弃了 [被弃项他们]，他们一定会终生悲伤的。(母亲和儿子之间)

(4-121) 她本想与卡迪尼昂私奔，不仅遭到拒绝，而且眼见 [被弃项自己] 就要被抛弃。(情人之间)

综上，"遗弃—抛弃"的 FE"被弃项"的语义类范围是包含关系，FE"方式"的语义类比重不同，FE"施事"和"被弃项"间的语义关系有异。

4.1.1.3 FE 语义类范围和 FE 配用特点有异

有些低度义近的同义词 FE 语义类范围不同，配用特点也不同。

镂刻❶—雕刻❶（GNo.2）

"雕刻"的用法详见 3.1.1。和"雕刻"相同的是，"镂刻"也激活了"雕刻"框架，核心 FE 有"雕刻者""原料""基体""终形"，"原料"和"基体"在句中一般不共现。二词不同之处在于，"雕刻"的"终形"可以是文字、图案、人像等，也可以是物体；"镂刻"的"终形"仅见文字、图案、人像，未见物体，也不能替换"终形"是物体的"雕刻"的用例，语义类范围小于"雕刻"。例如：

(4-122) 我见上面镂刻着 [终形4个汉字：福寿宁康]。(文字)

(4-123) 各项奖牌上也镂刻着 [终形同样的图案]。(图案)

(4-124) 现时风行的 [终形将西洋美人的裸体雕塑] 安在门面上或镂刻在大幅玻璃上，实际上显示出了业主文化修养的欠缺。(人像)

(4-125) 一个精致的小盒子里盛着用玛瑙雕刻的 [终形小靴子]。(物体，不能换用"镂刻")

(4-126) 小小的浦江县……花了 10 万元钱雕刻了 [终形马良塑像]。(物体，不能换用"镂刻")

另外，"镂刻"的 FE"原料"虽然可以在句中例显但例显比重较低，38 条语例中仅 2 条（5%）例显，例显较多的是"基体"，有 22 条语例（58%）例显。而"雕刻"的 285 条语例中，30 条（11%）例显了"原料"，36 条（13%）例显了"基体"。和"雕刻"相比，"镂刻"的"原料"例显比重低，"基体"例显比重高。

综上，二词"终形"的语义类范围不同，"原料"和"基体"的例显比重不同。

接壤、接境—交界（GNo.29）

"交界"的用法详见 3.2.1.1.3。和"交界"相同，"接壤"在"两地相连，有共同的疆界"的意义上也激活了"交界"框架，核心 FE 有"域"和"交界部分"。不同的是，"交界"的核心 FE"域"除了可以是国家、省、市等政治或行政区划，还可以是非行政区划的区域或学术研究的领域，甚至是季节。而"接壤"的"域"仅见政治或行政区划；较少有"学术领域"，为"领域"时，是比喻用法；未见"区域"，也不能换用"域"是区域的"交界"语例。例如：

(4-127) 1934 年 12 月 5 日，意大利军队在 [域1 意属索马里] [域2 与阿比西尼亚] 接壤的华尔华矿区制造了一起边境冲突。（政治区划）

(4-128) [域1 蛟河] ……又 [域2 与延边] 接壤，有独特的市场优势。（行政区划）

(4-129) 以某一学科为研究基点向周围接壤的 [域各个学科] "辐射"。（学术领域）

(4-130) ……使局部 [域表皮、真皮] 交界处黑色素细胞内酪氨酸酶系统功能丧失。（区域，不能换用"接壤"）

二词核心 FE 的配用方式都有"域+交界部分"和"域"两种。例如：

(4-131) 参加多国部队的美国士兵十三日在 [域1 多米尼加] [域2 与海地] 接壤的 [交界部分 达哈翁地区] 进行了一次军事救护演习。（域+交界部分）

(4-132) [域2 与西藏、四川] 接壤的 [域1 迪庆藏族自治州] 昼夜温差达 20 摄氏度。（域）

(4-133) [域1 川] [域2 陕] 交界的 [交界部分 秦巴山区] 是个广出天麻木耳的地方。（域+交界部分）

(4-134)[域2与河南]交界的[域1大别山区小镇叶集镇]，十多年前是个人均收入不过百元、仅有数百人散居的小穷山村。（域）

"交界"230条语例中的211例（91.74%）、"接壤"178例中的43例（24.16%）FE配用方式为"域+交界部分"；"交界"有12例（5.22%）、"接壤"有135例（75.84%）的FE配用方式为"域"。二词核心FE配用方式的比重不同。

"接境"仅1条语例，替换"交界"及同义组内其他被释词"接界""接壤"的语例发现，"接境"和"接壤"用法相近："域"可以是国家、省、市等政治或行政区划，不能是"领域"和"区域"，语义类范围小于"交界"；核心FE有"域+交界部分"和"域"两种配用方式，且后一种配用方式比重较高。①

惩处、惩罚—处罚（GNo.24）

"处罚"指"对犯错误或犯罪的人加以惩治"，激活了"处罚"框架，核心FE有"执行者""被处罚者""被处罚行为"和"处罚内容"。"处罚"的"执行者"多为国家权力机关、行政部门及其工作人员，"被处罚者"是触犯法律法规的个人、单位等，"被处罚行为"是触犯法律法规或规定的行为，"处罚内容"可以是做出的具体处罚，也可以是处罚的性质，如经济的、行政的、刑事的。不考虑"执行者"，"处罚"的其他核心FE配用方式有以下四种。

1. 被处罚者

(4-135)[执行者建设部]通报处罚[被处罚者劣质工程责任单位]。

(4-136)[执行者经济联合社]……处罚[被处罚者不法个体户]也毫不留情。

2. 被处罚者+处罚内容

(4-137)[执行者管委会]……[被处罚者对7家搞非法经营的摊点]进行了[处罚内容经济]处罚。

(4-138)[执行者襄樊市劳动监察大队]于5月31日做出了[被

---

① 《现汉》"交界"的释文"两地相连，有共同的疆界"对"接壤""接境"是恰当的，但小于"交界"的意义范围。

[处罚者对恒虹娱乐有限公司][处罚内容罚款1.5万元]的处罚决定。

3. 被处罚行为

(4-139) 加强执法监督和[被处罚行为对违法、违纪行为]的处罚、纠正。

(4-140) [被处罚行为对违反治安管理行为]的处罚分为下列三种……

4. 被处罚行为+处罚内容

(4-141) [执行者我国]将把严重侵犯著作权的行为视为犯罪，并将[被处罚行为对这种犯罪行为]予以[处罚内容刑事]处罚。

(4-142)《惩治侵犯著作权的犯罪的决定（草案）》将[被处罚行为对严重侵犯著作权行为]进行[处罚内容刑事]处罚。

"处罚"例显FE"被处罚者"的语例数量较多，例显FE"被处罚行为"的语例数量较少，且"被处罚行为"不能作"处罚"的宾语。"惩处"也激活了"处罚"框架，不考虑"执行者"，其他核心FE配用方式有如下三种。

1. 被处罚者

(4-143) [被处罚者对干扰办案包庇罪犯，构成犯罪的]，要坚决从严惩处。

(4-144) [执行者北京市西城区人民法院]……从严惩处了[被处罚者一批倒卖发票的犯罪分子]。

2. 被处罚者+处罚内容

(4-145) [被处罚者韩犯]很快受到了[处罚内容无期徒刑和剥夺政治权利终身]的惩处。

(4-146) 不合格的图书，[被处罚者对负责者]给予[处罚内容系统内曝光、经济处罚以及报废图书等]惩处措施。

3. 被处罚行为

(4-147) 制止和惩处[被处罚行为商标使用中的违法行为]。

(4-148) [被处罚行为对公务员的腐败行为]，一定要严加惩处。

未见"惩处"的核心 FE 配用方式为"被处罚行为+处罚内容"的语例。① 另外"惩处"的"执行者"除了可以是国家权力机关、行政部门及其工作人员，还可以为非权力机关；"被处罚者"可以是触犯法律法规，还可以是违反道德规范或其他人、单位、某个国家等非权力机关认为需要遵守的规范。而"处罚"的"执行者"和"被处罚者"没有这样的语义类，下面语例中的"惩处"不宜换成"处罚"：

(4-149) [执行者渥巴锡]……是为了民族大义而惩处[被处罚者这个要将部落出卖给敌人的叛徒]。

(4-150) 这个社会需要和它一致的人，[被处罚者背弃它或反抗它的人]都在惩处之列。

(4-151) 美国总统克林顿与其外交顾问们 24 日曾研究了如何惩处[被处罚者伊拉克]的问题。

综上，"惩处"的 FE "执行者""被处罚者"的语义类范围均包含"处罚"，二词核心 FE 的配用方式也不同。

"惩罚"也激活了"处罚"框架，不考虑"执行者"，核心 FE 配用方式有以下四种。

1. 被处罚者

(4-152) [执行者财政部长曼莫汉·辛格]未能……及时惩罚[被处罚者罪犯]。

(4-153) 美国……没有认真执行关于严厉惩罚[被处罚者战犯]的决议。

2. 被处罚者+处罚内容

(4-154) [执行者妈妈]惩罚[被处罚者两个孩子][处罚内容今天不准出去玩]。

(4-155) [被处罚者对违反规定的小学生]不能[处罚内容以"没收"书包]来惩罚。——笔者改编②

---

① 而且"惩处"和"处罚"例显 FE "被处罚行为"的短语的类型不同，"惩处"的"被处罚行为"可以由名词短语和介宾短语例显，"处罚"的"被处罚行为"只能由名词短语例显。

② 原句为：采取适当方式与家长或学校联系，不能以"没收"书包来惩罚，影响他的学业。

3. 被处罚行为

(4-156) 黎巴嫩呼吁[执行者联合国大会]谴责并惩罚[被处罚行为以色列的侵略行径]。

(4-157) 把一切会受到正强化的行为称为"好"和"善"，同时把一切会受到惩罚的[被处罚行为行为]称为"坏"与"恶"。

4. 被处罚者+被处罚行为

(4-158) [执行者她]大概在惩罚[被处罚者他][被处罚行为不常去找她]。

(4-159) 石东根原以为[执行者沈军长]为了……惩罚[被处罚者他][被处罚行为吃醉了酒]，故意出个难题要他写"文章"。

"处罚"具有的 FE 配用方式"被处罚行为+处罚内容""惩罚"没有；"惩罚"具有的 FE 配用方式"被处罚者+被处罚行为""处罚"没有。另外，"惩罚"的"被处罚者"可以是未遵守自然规律的人或行为，相应地，"执行者"也可以是"市场规律""大自然"等。例如：

(4-160) 没摸准市场规律，受到了[执行者市场]的惩罚。

(4-161) 就在出走的当夜[被处罚者我]就受到了[执行者大自然]严酷的惩罚。

"惩罚"的"被处罚者"还可为犯错的人，相应地，"执行者"也可为非权力机关，例如：

(4-162) [执行者丈夫]对[被处罚者她]的惩罚是无声而残酷的。

(4-163) 她被一个道貌岸然的家伙骗了，又无法惩罚[被处罚者他]。

(4-164) [执行者上帝]……为了惩罚[被处罚者我]，他还是把妈带走了。

(4-165) 让[执行者上帝]在另一个世界上来惩罚[被处罚者我的灵魂]吧！

综上，"惩罚"的核心 FE"执行者""被处罚者"的语义类范围和"处罚"不同，二词 FE 的配用方式也不同。

4.1.2 FE 语义特征范围有异

有的同义词仅 FE 语义特征范围有异，在造成低度义近的其他因素上未见有异。

4.1.2.1 语义特征范围有异，未见 FE 其他差异

鹄立—直立（GNo.36）

"直立"的用法详见 3.2.1.1.2。"鹄立"也激活了"直立"框架，例如：

(4-166) [直立项站在台上的蒋校长和他旁边的另外几位学校负责人]，全呆若木鸡地鹄立在那里。

(4-167) 草海四面青山环抱，林木茂密，水天一色，[直立项翠峰] 鹄立。——人民网天津视窗

"鹄立"的"直立项"须有一定"能动性"或"硬度"，"直立"的"直立项"可以有此语义特征，也可以没有，二词"直立项"的语义特征范围有异。另外，"鹄立"有"像鹄伸着脖子一样笔直地站着或竖着"的形象色彩，"直立"没有。有些可以用"直立"的语域或语境不能用"鹄立"。比如科技文体要求用词平实、表述客观，"鹄立"带有的形象色彩与科技文体的风格不符。下面语例中的"直立"均不能换用"鹄立"：

(4-168) [直立项茎] 光滑直立，含乳汁，嫩枝绿色。

(4-169) 人，有一种解释是"二足无毛直立[直立项动物]"。

(4-170) 用长柄镰刀割草看起来是比较舒服的，[直立项身体] 可以直立，改深弯腰为腰部左右扭动。

(4-171) "好！开始、加速、再加速、[直立项上身] 直立、注意手、脚、起！"

综上，"鹄立"和"直立"的差异表现在三方面：核心 FE "直立项"语义特征范围有异，形象色彩的有无，语体色彩不同。

挺立—直立（GNo.36）

"挺立"也激活了"直立"框架，例如：

(4-172) 但一走进课堂，[直立项她] 又挺立在讲台上。

(4-173) [直立项每一株松树] 都峥嵘挺立，显示了坚韧不拔的

生命和力量。

"挺立"的"直立项"能动性强于"直立",将下面语例中的"挺立"换成"直立",即可见"直立项"能动性减弱:

(4-174) [直立项数百名身穿绿军装的新战士] 精神抖擞地<u>挺立</u>在寒风中。

(4-175) [直立项哨兵] 威武<u>挺立</u>,目不斜视,犹如雕像。

感情色彩上,"挺立"带有一定的褒义色彩,从下面语例的对比即可见:

(4-176) [直立项水兵们] 列队在滚烫的甲板上,昂首<u>挺立</u>。

(4-177) 长桌右边,<u>直立</u>着 [直立项两排日军军官]。

"挺立"有比喻用法,"直立"未见比喻用法,例如:

(4-178) 这一伟大历史进程的推进,标志着我国已昂首<u>挺立</u>于世界民族之林,百余年所受的民族屈辱,即将涤荡以尽。

(4-179) 许多志士仁人在紧要关头奋不顾身,<u>挺立</u>于风霜雪雨之中,写下了多少惊天地泣鬼神的瑰丽篇章。

综上,"挺立—直立"的差异有:核心 FE"直立项"的语义特征范围有异,感情色彩不同,比喻用法的有无。另外,"挺立"有"巍然挺立""傲然挺立"等固定搭配,"直立"没有。

遗忘—忘记❶ (GNo. 33)

"忘记"的用法参见 4.1.3 和 4.1.6。"遗忘"和"忘记"二词均激活了"忘记"框架,核心 FE 有"遗忘者"和"被遗忘项"。"遗忘" FE"遗忘者"的自主性较弱,即"遗忘者"不能主动忘掉;"忘记"既可以指不自觉地不记得,还可以指主动忘掉,二词 FE"遗忘者"的语义特征范围不同。例如:

(4-180) 不过对作家来说,被 [遗忘者人们] 遗忘要比死亡更为可怕。("遗忘者"自主性较弱)

(4-181) 中国传统文化中, [被遗忘项敬畏天和地] ……被彻底遗忘了。("遗忘者"自主性较弱)

(4-182) 我检省了一下自己,没发现什么,便把这件事<u>忘记</u>了。("遗忘者"自主性较弱)

(4-183) 永远不要<u>忘记</u>我们不是人类种族的唯一成员。("不要"表示劝阻,"忘记"和"不要"搭配说明自主性较强)

寻觅—寻找 (GNo.34)

二词都激活了"寻找"框架,核心 FE 有"寻找者"和"对象"。"寻觅"的"对象"含有"不易找到"的特征,"寻找"的"对象"可以有也可以没有此特征。例如:

(4-184) 美国这场新诗运动的领袖们从中国古典诗歌中发现了他们苦苦<u>寻觅</u>的 [对象东西]。(不易找到)

(4-185) 可是我真是如饥似渴地到处<u>寻觅</u>[对象这种书籍] 了。(不易找到)

(4-186) 不久前,世界自然基金会的两位老虎专家来中国<u>寻找</u>[对象野生华南虎] 时也只见虎踪难见虎影。(不易找到)

(4-187) 各国各种肤色的水手都要在长途海行之后,奔上岸去,<u>寻找</u>[对象吃的,喝的,用的]。(不难找到)

另外,"寻觅"文艺风格色彩浓厚,"寻找"是日常用词。

辞世、故世、过世、下世—去世 (GNo. 41)

五词均指"死去;逝世"①,激活了"去世"框架,核心 FE 为"逝者"。它们的"逝者"均可为年高者或位尊者:

(4-188) 11 日早晨 [逝者邓大姐] <u>辞世</u>前后,中央领导同志陆续来到北京医院。

(4-189) 1976 年 1 月 8 日上午,[逝者周恩来] <u>故世</u>,我待丧事活动结束以后,方打听到金山的"下落"。

(4-190) [逝者父母] <u>过世</u>后的那些日子,我十分寂寞。

(4-191) 看样,[逝者梁委员] 快<u>下世</u>了。

---

① 《现汉》对"去世"的释义是"(成年人)死去;逝世",但根据语料,"去世"的"逝者"不仅限于成年人。

(4-192) [逝者我的导师]去世以后，悲愤和绝望压迫着我。

"逝者"也可为同龄人，但含有一定的敬意，例如：

(4-193) 当天下午 2 点 40 分，因抢救无效，[逝者这位 40 岁的精壮汉子]辞世而去。

(4-194) 于是记下这戒指的故事，作为[逝者妻]故世三周年的祭文，烧在妻的灵前。

(4-195) [逝者她的丈夫]过世好几年了。

(4-196) [逝者原来吹得好的赵才、赵合群、赵书亮]均已下世，他们带走了自己的绝艺。——今报网

(4-197) [逝者他的父亲]是我中学里的同班同学，又在大学里同窗过两年，几年前已去世。

"去世"的"逝者"还可以是年幼者，而四个被释词的"逝者"都不能是年幼者，语义特征范围有异。下面语例中的"逝者"是年幼者，不能换用为四个被释词：

(4-198) 不到一年半，又[逝者一个刚过周岁的孩子小弗兰契斯卡]去世了。

(4-199) [逝者婴儿]出生后生命体征一直良好，不可能这么快去世。——羊城晚报

语体上，"去世""过世"通用于口语和书面语；"辞世""下世"书面语色彩浓厚，《现汉》均标注〈书〉；"故世"《现汉》未标注〈书〉，可能因为"故世"不是"文言词语"，但"故世"的书面语色彩也很浓厚。

4.1.2.2 FE 语义特征范围、FE 其他语义特点和配用特点有异

凭借—依靠（GNo.35）

二词均激活了"依靠"框架，核心 FE 有"依靠项""被依靠项"和"目的"。"凭借"的"被依靠项"含有优势义，"依靠"的"被依靠项"可以是任何人或事物，不一定含有优势义，二词"被依靠项"的语义特征范围是包含关系。例如：

(4-200) 沿海省市凭借[被依靠项区位优势]，大力招商引资。

(4-201) 工业发达国家凭借[被依靠项雄厚的资本实力和现代科

第四章 不同等级的同义动词 129

技〕，从机械技术、生物技术、管理技术方面，对农业进行改造，取得了巨大成就。

(4-202) 辛亥革命起义军曾凭借[被依靠项雨花台]与城内的清军殊死拼搏。（"雨花台"有地理优势）

(4-203) 悬挂在高楼大厦上的大红标语，高扬着"全心全意依靠[被依靠项工人阶级]"这一主旋律。（人）

(4-204) 临县的庞家沟村、交口县的麦场村，依靠[被依靠项红枣]人均收入超过千元。（物）

(4-205) 有些问题的解决，不能仅仅依靠[被依靠项国家]，而要政府、社会、企业甚至家庭、个人共同努力。（国家）

另外，二词 FE "被依靠项"和"目的"的关系不同。"凭借"的"被依靠项"是达到目的的突出的外显条件，"依靠"的"被依靠项"是达到目的的重要的基础条件。通过在相似语境中的对比可见这一差异，例如：

(4-206) 这使人们得以凭借[被依靠项法律的武器]，来认真地解决经济中的骗人问题。（"法律的武器"是突出的外显条件）

(4-207) 建立一种机制，依靠[被依靠项法律]解决问题才是根本的措施。（"法律"是解决问题重要的基础条件）

(4-208) 日本凭借[被依靠项其雄厚的经济、科技实力]，咄咄逼人地傲立于美国门前。（"雄厚的经济、科技实力"是日本傲立于美国门前突出的外显条件）

(4-209) 随着企业内部转换经营机制，依靠[被依靠项科技]，强化企业管理，公司经营三年迈了三大步。（"科技"是公司三年迈了三大步重要的基础条件）

此外，不考虑"依靠项"，"依靠"的核心 FE 有两种配用方式："被依靠项"和"被依靠项+目的"。例如：

(4-210) 教育要面向经济，经济要依靠[被依靠项教育]。（被依靠项）

(4-211) 国际奥委会对过分依靠[被依靠项电视网络、特别是美国电视网络]的状况相当不安。（被依靠项）

(4-212) 山东济南市历城区粮油总公司依靠[被依靠项名优产品][目的占领市场]。(被依靠项+目的)

(4-213) 只要发展中国家团结一致,依靠[被依靠项自身力量][目的谋求发展],形势是会逐渐好转的。(被依靠项+目的)

而"凭借"只有"被依靠项+目的"一种配用方式,即"凭借"的"目的"在每一句中都例显。例如:

(4-214) 支持企业凭借[被依靠项自身的经济实力][目的发展连锁经营]。

(4-215) 西方一些有实力的保险公司希望凭借[被依靠项自己丰富的经验和雄厚的资金实力][目的叩开进入中国保险市场的大门]。

综上,"凭借—依靠"二词 FE "被依靠项"语义特征范围有异,"被依靠项"和"目的"间的语义关系有异,"目的"例显比重有异。

4.1.3 FE 语义类范围和语义特征范围有异

有的低度义近的同义词,FE 语义类范围和语义特征范围都存在差异。

估量—估计(GNo.27)

"估计"的用法详见 3.2.1.2.3。和"估计"一样,"估量"也在"根据某些情况,对事物的性质、数量、变化等做大概的推断"的意义上激活了"估计"框架,核心 FE 有"估计者""对象"和"内容"。不考虑 FE "估计者",核心 FE 配用方式也有"对象+内容"和"对象"两种,和"估计"相同。例如:

(4-216) [估计者他]……估量[对象何五爷][内容一定是要他去做冰人]。

(4-217) 不知弘一法师可曾在这条长堤上漫步,估量[对象他][内容不会喜欢]。

(4-218) 人在关键时刻喷发出来的生命力,绝对超过[估计者人类][对象对自身]的估量。

(4-219)估量[对象精神文明建设的形势]，必须充分认识这个主流。

上面这些语例中的"估量"可以换成"估计"，只是"估量"带有口语色彩，"估计"带有书面语色彩。二词 FE"内容"的语义类范围不同，"估计"的"内容"可以是具体的数据，未见"估量"的"内容"是数据的。下面语例中的"估计"不能换用"估量"：

(4-220)这男孩估计这 1 万人中大约有 6000 人是被俘的军人，而 4000 人则是平民。

(4-221)他估计客机的高度现在是在上海上空两千米左右。

另外，"估量"和"估计"的 FE"对象"都可以含有"量"的语义特征，但"估计"的"对象"仅和量的多少有关，而"估量"的"对象"还和量的高低有关，二词"对象"的语义特征范围不同。例如：

(4-222)中央当局可以集中整个经济范围内各种决策的相互作用的信息，[对象对决策的长期费用和收益]进行估计。（指费用和收益的多少，可换用"估量"）

(4-223)截至发稿时，已造成 12 人死亡、49 人受伤，经济损失难以估计。（指经济损失的多少，可换用"估量"）

(4-224)现在，当[估计者我们]来估量[对象萨特的历史地位]时，已经很难想象一部没有萨特的当代思想史。（指历史地位的高低，不能换用"估计"）

(4-225)即使是在古代，用它们作为批评的主要标准来估量[对象诗的价值]，也早已经发生过惊人的谬误。（指价值的高低，不能换用"估计"）

综上，"估量—估计"的 FE"内容"语义类范围和 FE"对象"语义特征范围均有异。

有的低度义近的同义词，除了 FE 语义类范围和语义特征范围存在差异，FE 其他语义特点也有异，如"忘怀—忘记"。

忘怀—忘记❶（GNo.33）

《现汉》给"忘记"分设两个义项：❶经历的事物不再存留在记

忆中；不记得：我们不会~，今天的胜利是经过艰苦的斗争得来的。❷应该做的或原来准备做的事情因为疏忽而没有做；没有记住：~带笔记本。两个义项的区别在于被忘记的是曾经经历过的还是没有经历过的，我们以此为标准确定"忘记❶"的目标语例。

"忘怀"和"忘记"均激活了"忘记"框架，核心 FE 有"遗忘者"和"被遗忘项"。"忘记"的"被遗忘项"是经历过的事情、感受，见过的人、物或获知过的知识、方法、信息等。例如：

(4-226) 人们不会忘记，[被遗忘项70年代我国在发展集装箱和条形码的过程中，由于传统意识的惰性和对新生事物认识上的迟缓，造成了相当的被动局面，致使我国进出口贸易蒙受了巨大的损失]。（事情）

(4-227) 我能忘记[被遗忘项自己爬地垄沟的滋味]吗？（感受）

(4-228) 别忘记[被遗忘项我们]！（人）

(4-229) 我……忘记了[被遗忘项老师又长又细的教鞭]。（物）

(4-230) 我又忘记了，[被遗忘项你今天吃过晚饭没有]？（已获知过的信息）

"忘怀"的"被遗忘项"仅见事情、感受、人、物，未见知识、方法、信息等的用例，也不能替换"被遗忘项"是这些语义类的"忘记"的用例。"忘怀"的 FE"被遗忘项"的语义类范围包含于"忘记"。例如：

(4-231) 令王丽薇终生难以忘怀的是，[被遗忘项包括小学、中学以及吉林大学、哈尔滨工业大学在内的所有校系领导、老师，都为她的超常发挥大开绿灯，才使她在莘莘学子中一路跳跃，脱颖而出，创造今天的成绩]。（事情）

(4-232) 永远忘怀不了[被遗忘项亲吻时的感受]。（感受）

(4-233) 这八年中，他[被遗忘项对她]一直不能忘怀。（人）

(4-234) 鲁迅先生是忘怀不了[被遗忘项琉璃厂]的。（物）

另外，"忘怀"的 FE"遗忘者"的自主性较弱，即不是"遗忘者"有意不愿记得，而是"被遗忘项"触动"遗忘者"心灵而使之无法忘记。例如：

(4-235) [被遗忘项这个镜头]……[遗忘者使我]无法忘怀，使我的心灵感到震颤。

(4-238) [被遗忘项巴黎]也始终[遗忘者令威托夫]……难以忘怀。

(4-237) [被遗忘项钱老的教诲,他的音容笑貌],……总是难以忘怀。

(4-238) 时隔近半个世纪,[被遗忘项当时的情景]至今……未能忘怀。

在"被遗忘项"触及"遗忘者"心灵的表示否定义即不能忘或难忘的语句中,"忘记"可以换用为"忘怀",替换后会产生触动"遗忘者"心灵的意味;而在"遗忘者"自主性较强时、"被遗忘项"未触及"遗忘者"心灵时或在表示肯定意义的语句中,"忘记"都不能替换为"忘怀"。例如:

(4-239) [遗忘者我]永远不能忘记[被遗忘项最悲惨的一幕送行]。("被遗忘项"触及"遗忘者"心灵,表示否定意义,可以替换)

(4-240) 在[遗忘者我]难以忘记的[被遗忘项亲人和兄长挚友导师]之中,只有外祖母和林中老爷爷是很少受过正规教育的人。("被遗忘项"触及"遗忘者"心灵,表示否定意义,可以替换)

(4-241) 如[遗忘者你]愿意就忘记[被遗忘项我]!("遗忘者"自主性强,且表示肯定意义,不能替换)

(4-242) [遗忘者人们]不会忘记,[被遗忘项在紫云乡方西河村田埂上召开的地膜花生现场会]。(未触动"遗忘者"心灵,不能替换)

(4-243) [被遗忘项路过的人][遗忘者我]早已忘记。(未触动"遗忘者"心灵,且表示肯定意义,不能替换)

(4-244) [遗忘者我们]忘记了[被遗忘项中国在第二次世界大战期间曾是重要的盟友,曾经同美国并肩战斗]。(表示肯定意义,不能替换)

可见,"忘怀"的"遗忘者"自主性较弱,"忘记"的"遗忘者"自主性可以较弱,也可以较强,语义特征范围和"忘怀"不同。

此外,"忘记"的182条语例中111例(61%)用如"不会/不应/

没有/不能/不曾忘记"等否定句,"忘怀"259条语例中96例(37%)用如"不能/不曾忘怀""忘怀不了","忘怀"用于否定句的比重低于"忘记"。但"忘怀"150例(58%)用如"难以忘怀""难忘怀"表达否定意义,合计有高达95%的用例表达不忘或难忘的意义,远高于"忘记"。

综上,"忘怀—忘记"的核心FE"被遗忘项"的语义类范围是包含关系,"遗忘者"的语义特征范围是包含关系,"被遗忘项"和"遗忘者"的语义关系不同,"忘怀"比"忘记"更多地用来表达否定的意义。

上面两对同义词"估量—估计""忘怀—忘记",语义类范围和语义特征范围有异的FE是不同的框架元素,而有些低度义近的同义词在同一个框架元素上,语义类范围和语义特征范围均不同,如"扬弃❷、捐弃—抛弃"。

扬弃❷、捐弃—抛弃(GNo. 37)

"抛弃"的用法详见4.1.1.2。"扬弃"也激活了"抛弃"框架,核心FE有"施事"和"被弃项"。和"抛弃"不同的是,"扬弃"的"被弃项"未见人、物等具体事物,仅见想法、做法等抽象事物,其语义类范围包含于"抛弃";当"被弃项"同为想法、做法时,"扬弃"的"被弃项"仅见不好的方面,其语义特征范围也包含于"抛弃"。例如:

(4-245)我们决不会**抛弃**[被弃项朋友],特别是在朋友需要我们的时候。("被弃项"为人,不能换用"扬弃")

(4-246)我的存在使它彻底**抛弃**了[被弃项那野马群]。("被弃项"为物,不能换用"扬弃")

(4-247)即使对儒学传统持积极的肯定态度的研究者,也认为它涵盖着必须**扬弃**的[被弃项不良心态]。("被弃项"为观念,是不好的)

(4-248)世界足坛劲旅早已**扬弃**了[被弃项"慢中求准"]的过时产物]。("被弃项"为做法,是不好的)

同义组中的另一被释词"捐弃"的67条语例中,56例的"被弃项"为"前嫌",另为"成见""偏见"等,可见"捐弃"的"被弃项"多为不好的想法、观点。"捐弃"仅有一例"被弃项"为"人"的,不是普遍用法。

综上,"扬弃、捐弃—抛弃"的差异有:"扬弃""捐弃"的"被弃项"的语义类范围包含于"抛弃";在相同的语义类范围内,"被弃项"的语义特征范围也包含于"抛弃"。此外,"扬弃"多用于书面语,"捐弃"书面语色彩浓厚,"抛弃"通用于口语和书面语。

有的低度义近的同义词,除了同一个框架元素的语义类范围和语义特征范围均有异之外,FE 的其他语义特点也不同,如"摈弃—抛弃"。

摈弃—抛弃(GNo.37)

和"抛弃"一样,"摈弃"激活了"抛弃"框架,但其核心 FE "被弃项"未见人、物等具体事物,仅见想法、做法等抽象事物,且是不好的。例如:

(4-249) 必须摈弃 [被弃项那种把教育与经济割裂开来甚至对立起来的观念]。("被弃项"为观念,是不好的)

(4-250) 鄂伦春民族摈弃了 [被弃项单一落后的狩猎生产方式]。("被弃项"为做法,是不好的)

此外,"抛弃"的"被弃项"多是"施事"所具有的,而"摈弃"的"被弃项"不一定是"施事"具有的,也可能是别人有而"施事"自觉排除掉的。例如:

(4-251) 因此造成的资源浪费已经迫使 [施事日本人] 抛弃了 [被弃项"不用即扔"的消费观念]。(这种消费观念是日本人所具有的)

(4-252) 你的缺点就是 [被弃项面子观] 抛弃得不够彻底,并且犹豫迟疑。(这种观念是原来所具有的)

(4-253) [施事他] 摈弃了 [被弃项教书的"匠气"],开始讲究教学艺术、教学质量。(教书的匠气是他所具有的)

(4-254) [施事资产阶级革命派] 则完全摈弃了 [被弃项过去爱国者的"忠君"思想],将国家视为全体国民所共有的国家。(这种思想是过去爱国者所具有的,不是资产阶级革命派具有的)

综上,"摈弃—抛弃"二词"被弃项"的语义类范围不同;在相同语义类范围内,"被弃项"语义特征范围不同;"施事"和"被弃项"的语义关系也不同。此外,"抛弃"通用于口语和书面语,"摈弃"多用于书面语。

4.1.4 FE 语义类范围和量域范围有异

有的低度义近的同义词 FE 语义类范围和量域范围均不同，如"看不起—轻视"FE 语义类范围是包含关系，FE 量域范围是相异关系。

看不起—轻视（GNo.8）

二词在"不重视；不认真对待"的意义上都激活了"轻视"框架，核心 FE 有"轻视者"和"被轻视项"。"看不起"的"被轻视项"多为具体的人，也可以是人的行为或事物；"轻视"的"被轻视项"可以是人、人的行为、事物，还可以是客观现象，语义类范围包含"看不起"。例如：

(4-255) 这甚至引起淑娴姑娘的不平之感，觉得这是<u>看不起</u>[被轻视项她]。（"被轻视项"是人，可以换用"轻视"）

(4-256) 他把禅宗教义引申到包括过去一直被<u>看不起</u>的[被轻视项商人活动]。（"被轻视项"是人的活动，可以换用"轻视"）

(4-257) 有的画家<u>看不起</u>[被轻视项连环画、插图]。（"被轻视项"是事物，可以换用"轻视"）

(4-258) 我国人在明治维新以前，过分<u>轻视</u>和蔑视[被轻视项外国人]。（"被轻视项"是人，可以换用"看不起"）

(4-259) 这种[被轻视项对娱乐片]的<u>轻视</u>心理其结果必然是赶走了观众。（"被轻视项"是事物，可以换用"看不起"）

(4-260) 中国人向来<u>轻视</u>[被轻视项"耳食"]，嘲笑"以耳代目"，不信"道听途说"，认为"耳听是虚，眼见为实"。（"被轻视项"是行为，可以换用"看不起"）

(4-261) 在欧洲人眼里，[被轻视项圣诞节]……是不可以<u>轻视</u>的。（"被轻视项"是客观现象，不能换用"看不起"）

(4-262) 我们看到日益壮大的主流时，也不可<u>轻视</u>[被轻视项少数人被欧风美雨中不健康的成分所袭击]。（"被轻视项"是客观现象，不能换用"看不起"）

"看不起"的非核心 FE"程度"较高，指看低、认为差，"轻视"的 FE"程度"较低，指不重视，二词 FE"程度"量域范围相异。例如：

（4-263）八股是不登大雅之堂的一种文体，就是昔日，也几乎是绝大多数人<u>看不起</u>。（认为八股文低劣）

（4-264）他以前很<u>看不起</u>[被轻视项勇志无事便赌的习气]，虽然勇志是他顶好的朋友。（认为这种习气很坏）

（4-265）这样说，八股文就有了既不可<u>轻视</u>又应该一脚踢开的两面性。（不重视八股文）

（4-266）词作者黄小茂则对日本方面如此<u>轻视</u>[被轻视项自己的著作权益]表示遗憾。（不重视著作权益）

语体上，"看不起"多用于口语，"轻视"多用于书面语。用法上，"轻视"可以带补语"不得"，可以作"受"的宾语；"看不起"不可以，下面语例中的"轻视"不能换用"看不起"：

（4-267）这对矛盾就像一把利剑时刻悬在中国人的头上，一刻也<u>轻视</u>不得。

（4-268）社科理论<u>轻视</u>不得。

（4-269）可以想见一般人都不甘心受<u>轻视</u>。

（4-270）当前生物学在中学受<u>轻视</u>的现象是不正常的。

有的低度义近的同义词，两个 FE 语义类范围都不同，量域范围也不同。

埋藏❷—隐藏（GNo.18）

二词均激活了"主体_隐藏"和"隐藏_物"框架。"主体_隐藏"框架指某人或某物自主藏在某处，核心 FE 有"主体"和"处所"；"隐藏_物"框架指某人把某物藏在某处，核心 FE 有"隐藏者""被隐藏项"和"处所"。"埋藏"这两个框架的核心 FE"主体"和"被隐藏项"均为抽象事物，未见具体的事物、人。例如：

（4-271）这海真大真深，[处所里面]<u>埋藏</u>的[主体秘密]肯定数不清。（"主体_隐藏"框架）

（4-272）[处所在孙丽华的心里]，<u>埋藏</u>了[主体多少说不出的苦

楚]。("主体_隐藏"框架)

(4-273) [隐藏者作者][被隐藏项将这一条线]非常巧妙地埋藏[处所在故事之中]。("隐藏_物"框架)

(4-274) [隐藏者她]只能[被隐藏项把这份深情]埋藏[处所在心底]并为此献出一生。("隐藏_物"框架)

而"隐藏"的FE"主体"和"被隐藏项"可以是抽象事物,还可以是具体的物或人,① 例如:

(4-275) [主体最崇高的东西]往往隐藏[处所在自然界最偏远最微末的地方]。("主体_隐藏"框架中的"主体"为抽象事物)

(4-276) [主体细小的野花]隐藏[处所在草丛里]。("主体_隐藏"框架中的"主体"为具体事物)

(4-277) 隐藏[处所在联军上层]的[主体德谍]很快得知,……("主体_隐藏"框架中的"主体"为人)

(4-278) [隐藏者他][被隐藏项把自己的意图]隐藏[处所在心的深处]。("隐藏_物"框架中的"被隐藏项"为抽象事物)

(4-279) [隐藏者女人]究竟应该规规矩矩地[被隐藏项把她们的青丝]梳成发辫并隐藏[处所在头巾里],抑或任其泼泻下来?("隐藏_物"框架中的"被隐藏项"为具体事物)

(4-280) 为了避免不必要的麻烦,不少[隐藏者瑞士人]都[被隐藏项把自己的朋友]非法隐藏[处所在家中]。("隐藏_物"框架中的"被隐藏项"为人)

---

① 这和"埋藏""隐藏"的义项设立有关。《现汉》将"埋藏"释为:【埋藏】❶藏在土中:山下~着丰富的煤和铁。❷隐藏:他是个直爽人,从来不把自己想说的话~在心里。❸把某种制剂放在人或动物的皮下组织内。对于人是为了医疗,对于家畜大多是为了催肥。"埋藏❷"是从"埋藏❶"隐喻来的,两个义项的区别在于"处所"不同,义项❶的"处所"是实物"土",义项❷是和"土"具有相同的遮蔽功能的其他事物。其实"隐藏"也有本义和比喻义,体现在"处所"上就是,既可为具体的空间处所,也可为抽象的社会处所或隐喻性的其他处所。空间处所"土中"和隐喻性的其他处所对"埋藏"而言,区别比较明显,所以《现汉》分设两个义项;而空间处所和隐喻性的处所对"隐藏"而言区别不大,所以《现汉》没有分设两个义项。

可见,"埋藏"所激活的两个框架的 FE 的语义类范围均小于"隐藏"。另外,和"隐藏"相比,"埋藏"这两个框架的非核心 FE"隐蔽程度"较高,而"隐藏"的 FE"隐蔽程度"可高可低。下面语例中的"埋藏"要么换成"隐藏"后所表达的隐蔽程度变低,要么不宜换成"隐藏":

(4-281) [主体英国人轻视外国人的意识]通常只埋藏[处所在心里],极少溢于言表。(换成"隐藏"后所表达的隐蔽程度降低)

(4-282) 从那时起,[处所我的心中]就埋藏了[主体一个再朴实不过的梦想:长大后一定要去吉安看看]。(不宜换成"隐藏")

(4-283) [隐藏者张挺]……[被隐藏项把悲伤]深深地埋藏[处所在心里]。(不宜换成"隐藏")

(4-284) 他还有一个[处所在心底]埋藏了[被隐藏项许多年的梦想]没有实现。(不宜换成"隐藏")

综上,"埋藏—隐藏"所激活的"主体_隐藏"框架中的"主体"的语义类范围不同,二词所激活的"隐藏_物"框架中的"被隐藏项"的语义类范围不同,这两个框架的非核心 FE"隐蔽程度"量域范围也不同。

息止—停止(GNo. 38)

"停止"激活了四个框架:"活动_停止""现象_停止""使_停止""施事_停止_活动",详见 3.1.2.2.1。"息止"同样激活了这四个框架,例如:

(4-285) [活动今后关于房产税的争议],并不会因国务院此番发声而息止。——中国经济时报("活动_停止"框架)

(4-286) 是[现象风]总有息止的时候,是雨总有落下的时候。——中国新闻网("现象_停止"框架)

(4-287) 看到宋爱年被打,[致事吴玉霞和宋爱平]赶紧过来劝架,想息止[被停止项纷争]。——中安在线("使_停止"框架)

(4-288) 卢眉桦轻轻示意,请[施事大家]息止[活动雷动的掌

声]。——联合早报（"施事_停止_活动"框架）

"停止"激活的"使_停止"框架的 FE"被停止项"可以是活动、资格或待遇；"息止"在语料库目标路径中没有激活此框架的语例，也不能替换"停止"激活此框架的大部分语例，例如：

(4-289) 采取积极宣传、重点突破、分组上门、跨关区联合行动及停止[被停止项欠税单位报关权]或停办新合同备案手续等措施进行催缴。

(4-290) 老杨已是空军飞行副师长，竟被看成"不可靠的人"，被"停飞"，停止[被停止项党内外一切职务]，停职检查。

"停止"激活的"施事_停止_活动"框架的 FE"活动"可以是施事自主或非自主进行的活动；"息止"仅有少量语例激活了"施事_停止_活动"框架，FE"活动"的语义类比"停止"少很多。下面用例中的"停止"不能换用"息止"：

(4-291) 你们必须立即停止[活动侵害]，否则一切后果自负！（"活动"为施事自主进行的活动）

(4-292) 朱老明喝完了水，润了润嗓子，停止了[活动咳嗽]。（"活动"为施事非自主进行的活动）

"息止"两个框架的 FE 语义类范围均包含于"停止"。另外，"息止"含有逐渐平息以至停止的意思，四个框架的非核心 FE"实现时间"较长，"停止"的 FE"实现时间"较短，量域范围是相异关系。语体上，"息止"常用于书面语，"停止"通用于口语和书面语。

有的低度义近的同义词除了语义类范围和量域范围不同外，FE 的其他语义特点也有异。

打搅❶—扰乱（GNo.9）

"扰乱"的用法详见 4.1.1.1。"打搅"和"扰乱"一样，也激活了"扰乱"框架，核心 FE 有"干扰项"和"被扰项"。"扰乱"的"干扰项"可以是具体的人及其活动等，还可以是行为或现象等；"打搅"的 FE"干扰项"只能是具体的人及其活动。例如：

(4-293) 没有[干扰项人]去扰乱它们的生活，人们像尊护神龛一样，尊护着燕窝。（"干扰项"是人）

(4-294) 一些餐馆为防止[干扰项乞丐]到餐馆吃喝扰乱生意，而让乞丐按时到指定的餐馆排队领取份饭。("干扰项"是人)

(4-295) 当时[干扰项我]……生怕打搅了你。("干扰项"是人)

(4-296) [干扰项大家]不好意思也不忍再去打搅爷爷。("干扰项"是人)

(4-297) [干扰项这种误导消费的行为]，扰乱了正常的市场经济秩序。("干扰项"是行为，不能换用"打搅")

(4-298) 严肃的会议会[干扰项被马路上的异常景象]所扰乱。("干扰项"是景象，不能换用"打搅")

另外，"扰乱"的 FE "被扰项"可以是人、人的情绪、肌体功能或社会秩序等，概括而言，是人或社会正常的秩序或状态。"打搅"的"被扰项"为具体的人或活动，在"被扰项"由表人短语例显时，"打搅"同样指搅扰某人做某事；未见"打搅"的"干扰项"像"扰乱"一样是人的情绪、肌体功能或社会秩序等语义类。例如：

(4-299) 他拎起话筒，但又想，这时她一定在做面膜，不好打搅[被扰项她]。("被扰项"是人)

(4-300) 我觉得时间较晚，不想打搅[被扰项师长休息]，起来告辞。("被扰项"是某人做某事)

(4-301) 城里的喧嚣扰乱了[被扰项他们的心绪]。("被扰项"是人的情绪，不能换用"打搅")

(4-302) 这些成分……会影响人的神经活动，扰乱[被扰项大脑的正常生理机能]。("被扰项"是肌体功能，不能换用"打搅")

(4-303) 别瞎说，让人听到该认为你制造政治谣言，扰乱[被扰项民心]了。("被扰项"是民心，不能换用"打搅")

(4-304) [被扰项平静的水面]被扰乱了，湖里起了大的响声。("被扰项"是物的正常状态，不能换用"打搅")

在"打搅"和"扰乱" FE "被扰项"语义类都是人或人的活动时，二词语义类比重也不同。"打搅" 156 条语例中，73 条（47%）的

"被扰项"是具体的人;"扰乱"256条语例中,仅12例(4.7%)的"被扰项"是具体的人。"打搅"FE"被扰项"以具体的人居多。

此外,"打搅"的非核心FE"程度"也低于"扰乱","打搅"指的是"使别人正在进行的事情停下来",但未到"使混乱"的程度。下面语例中的"打搅"和"扰乱"不能互换:

(4-305) 他不吃午饭,不许别人<u>打搅</u>他,独坐书房发闷。

(4-306) 告诉你们别来<u>打搅</u>我,我今天晚上有事,你为啥又来了呢?

(4-307) 本地百姓组成的义勇营又不断从侧翼和背后<u>扰乱</u>官军,使官军寸步难进。

(4-308) 你们越是大胆去<u>扰乱</u>敌人,他们越是摸不透咱们虚实。

综上,"打搅—扰乱"的区别有:"干扰项"和"被扰项"的语义类范围是包含关系,"被扰项"的语义类比重不同,非核心FE"程度"量域范围是相异关系。

有的低度义近的同义词除了语义类范围和量域范围不同外,FE的配用特点也有异。

依傍—依靠(GNo.35)

"依靠"的用法详见3.1.2.2.2、4.1.1.1和4.1.2.2。"依傍"在"指望(某种人或事物来达到一定目的)"的意义上也激活了"依靠"框架①,核心FE有"依靠项""被依靠项"和"目的"。二词差异如下:

1. FE"被依靠项"语义类范围不同

"依傍"FE"被依靠项"多为具体的人,"依靠"FE"被依靠项"可为具体的人,但多为群体,还可以是事物或人的活动等。例如:

(4-309) 好一句"不<u>依傍</u>[被依靠项别人]"!这才不愧是"男儿到此是豪雄"!("被依靠项"是具体的人,可以换

---

① "依傍"另有两个义项《现汉》未收。一是"参照;模仿",例如:
(1) <u>依傍</u>、模仿、重复、袭旧,从来就是文艺创作的大忌。
(2) 完全独辟蹊径,没有本国或外国的前辈可以<u>依傍</u>的作家是很少的。
二是"靠近",例如:
(3) 此地<u>依傍</u>长江,湖泊池塘星罗棋布。
(4) 故乡在塔克拉玛干南缘,<u>依傍</u>着一条波涛翻滚的叶尔羌大河。

用"依靠")

(4-310) 世界一片暴风雪，冰天冻地，只有[被依靠项女儿]是他唯一温暖的依傍呀！（"被依靠项"是具体的人，可以换用"依靠"）

(4-311) 他四岁的时候，父亲病死，母亲带着他到随州（今湖北随县）依靠[被依靠项他叔父]生活。（"被依靠项"是具体的人，可以换用"依傍"）

(4-312) 依靠[被依靠项群众]、强化监督是搞好反腐败斗争的一项有力措施。（"被依靠项"是群体，不能换用"依傍"）

(4-313) 他们的收入主要依靠[被依靠项小费]。（"被依靠项"是事物，不能换用"依傍"）

(4-314) 他们更寄希望于深化改革，依靠[被依靠项多渠道、多层次的筹集资金和吸引外商投资]，将南水北调工程等一批水利重点项目建设好。（"被依靠项"是人的活动，不宜换用"依傍"）

2. FE"程度"量域范围不同

"依傍"的非核心FE"程度"一般较高，即对人或事物比较依赖，有时含有不能自立的意味，因而在某些语境中带有明显的贬义色彩，而"依靠"没有这样的意味。例如：

(4-315) 他早打定主意要依傍有钱的人。

(4-316) 从这种理解出发，他之依傍逊帝溥仪的小朝廷，便也毫不足奇了。

3. FE"目的"例显比重不同

不考虑"依靠项"，"依傍"的核心FE的配用方式和"依靠"一样，有"被依靠项"和"被依靠项+目的"两种，但以前一种居多，后一种在47条用例中仅见4例，"依傍"的FE"目的"的例显比重低于"依靠"，例如：

(4-317) 愫细既好强好胜又软弱；既能够为了维护个人尊严毫不迟疑地离开变了心的丈夫，却又满心惶惑地马上找到另一个依傍[被依靠项对象]。（被依靠项）

(4-318) 她深知我在各方面[被依靠项对她]的依傍，没有了她，我在这个世界上还有什么可依靠的呢？（被依靠项）

(4-319) 我曾经依傍着[被依靠项她][目的度过了这十年的生命]。（被依靠项＋目的）

(4-320) 就这么守住一个"独立自主"的做人原则，绝不依傍[被依靠项任何特殊权势][目的企图侥幸成功]。（被依靠项＋目的）

另外，"依傍"多用于书面语，"依靠"通用于口语和书面语。例如：

(4-321) 我渴望看到一丝丝影子，哪怕是我终生无缘依傍的脊背。

(4-322) 只要一腔真情，爱就有了依傍。

(4-323) 她不同意阿英的看法，很有把握地说："怕啥，过去厂里的事，哪件事不依靠我们工人？……"

(4-324) 乡镇企业基本上依靠自有资金和工商业贷款发展生产。

综上，二词"被依靠项"语义类范围有异，"程度"量域范围不同，"目的"例显比重不同，感情色彩和语体色彩不同。

4.1.5　FE 语义类范围和例显与否有异

有的低度义近的同义词，FE 语义类范围和例显与否均有差别。

镌刻—雕刻❶（GNo.2）

"雕刻"的用法详见 3.1.1。和"雕刻"相同的是，"镌刻"也激活了"雕刻"框架，核心 FE 有"雕刻者""原料""基体"和"终形"，"原料"和"基体"在句中一般不共现。二词不同之处在于，"雕刻"的 FE"终形"可以是文字、图案、人像等，也可以是物体；"镌刻"的 FE"终形"仅见文字、图案、人像，未见物体。例如：

(4-325) 在雕像的基石上雕刻着[终形这样的话——"他无视规则，抓住球，而且奔跑了]。"（文字）

(4-326) 小银碗的外面……还雕刻了[终形许多美丽的图案]。

第四章　不同等级的同义动词　145

（图案）

（4-327）白色的石墙上，雕刻着[终形人类有史以来六百位巨人的肖像]。（人像）

（4-328）这些希腊佛教徒雕刻的[终形佛和菩萨的石像]就是明显的希腊风格。（物体）

（4-329）一块方方正正的大理石上镌刻着[终形这样的碑文："安息吧，我们决不重犯错误！"]（文字）

（4-330）巍峨壮观的雅典娜神庙高高的台阶上镌刻着[终形两只巨大的脚印]。（图案）

（4-331）这座宽敞的客厅高大的门框和窗框上，至今镌刻着[终形栩栩如生的爱神]。（人像）

另外，"镌刻"的 FE"原料"未在句中例显，例显的都是"基体"，即"镌刻"指"在金属、玉石、骨头或其他材料上刻出形象"，而不能指"把金属、玉石、骨头或其他材料雕制成一个形象"。例如：

（4-332）[终形江泽民主席"建设现代化轿车工业基地"的题词]已经镌刻[基体在磐云大理石上]。

（4-333）拓片来自蓟县黄崖关的99块黑色花岗石，[基体上面]镌刻着[终形毛泽东手书诗词28首]。

综上，二词 FE"终形"的语义类范围是包含关系，"原料"例显与否不同，属低度义近。

搅和❷—扰乱（GNo.9）

"扰乱"的用法详见4.1.1.1和4.1.4。"搅和"激活了"扰乱"框架，核心 FE"干扰项"可以是具体的人、物及其活动，FE"被扰项"可以是具体事件。例如：

（4-334）达明抱住想同去的丹巴，说道："人家找情人去了，[干扰项你]别去搅和！"（"干扰项"是具体的人，"被扰项"句中没例显，但从上下文可知为具体事件）

（4-335）不能让[干扰项老辈儿的恩怨]，搅和了[被扰项我的买卖]！（"干扰项"是具体的人的活动，"被扰项"是

具体事件)

和"扰乱"不同的是,"搅和"的"干扰项"未见事物、行为或现象,"被扰项"未见人的情绪、肌体功能或社会秩序。下面语例中的"扰乱"不能换成"搅和":

(4-336) 曼陀罗花中含有莨菪碱、东莨菪碱、阿托品,[干扰项这些成分]……服食之后会影响人的神经活动,扰乱[被扰项大脑的正常生理机能]。("干扰项"是事物,"被扰项"是肌体功能)

(4-337) [干扰项战火]扰乱了[被扰项平静的生活]。("干扰项"是社会现象,"被扰项"是生活秩序)

概括地说,"扰乱"的"干扰项"多为社会性的活动,也可以是具体的人或事,"被扰项"多为抽象状态;"搅和"的"干扰项"只能是具体的人或事,"被扰项"多为具体事件。

另外,"搅和"的词义中没有和非核心 FE "结果"对应的部分,而"扰乱"的词义中包含了结果即"乱",因此,"搅和"后面还可以带补语,"扰乱"后面不能带补语。下面语例中的"搅和"不能换用"扰乱":

(4-338) 一天到晚瞎折腾,搅和得村里鸡犬不宁。

(4-339) 一个信仰发生危机,又被金钱搅和得全民浮躁的社会,政策选择是十分困难的。

综上,"搅和—扰乱"的差别主要有:核心 FE "干扰项"和"被扰项"的语义类范围不同,非核心 FE "结果"例显与否不同。感情色彩上,"搅和"含有明显的贬义。语体上,"搅和"多用于口语,"扰乱"多用于书面语。

惩办—处罚(GNo. 24)

"处罚"的用法详见 4.1.1.3。"惩办"激活了"处罚"框架,核心 FE 有"执行者""被处罚者""被处罚行为"和"处罚内容"。"惩办"的核心 FE "处罚内容"在句中从不例显,不考虑"执行者",其核心 FE 例显方式有"被处罚者"和"被处罚行为"两种方式。[1]

---

[1] "惩办"的"被处罚行为"可以作宾语,"处罚"不可以。

例如：

(4-340) 敦促地方公安部门尽快破案，惩办 [被处罚者凶手]。（被处罚者）

(4-341) [执行者我们的纪检监察部门和政法机关]……惩办了 [被处罚者一批腐败分子]。（被处罚者）

(4-342) 一旦发现对查处和惩办 [被处罚行为这类违法犯罪] 进行阻挠、包庇和袒护的，不管是什么人，都要一查到底。（被处罚行为）

(4-343) 关键是我们 [被处罚行为对已经发生的犯罪行为] 要坚决从重从快依法惩办。（被处罚行为）

另外，"惩办"的"被处罚者"只能是触犯法律的个人、机构等，不像"处罚"是违反法规或规定的个人、机构，例如：

(4-344) 群众连续到乡政府要求惩办 [被处罚者凶犯]。

(4-345) [执行者各级人民法院]……惩办了 [被处罚者一批严重经济犯罪分子]。

综上，"惩办—处罚"的主要差异有："惩办"的核心 FE "被处罚者"的语义范围小于"处罚"；"惩办"的核心 FE "处罚内容"在句中不例显。

责罚—处罚（GNo.24）

"处罚"的用法详见 4.1.1.3。"责罚"也激活了"处罚"框架，但 FE "被处罚行为"从不在句中例显。不考虑"执行者"，其核心 FE 配用方式有"被处罚者"和"被处罚者+处罚内容"两种：

(4-346) 由于人太多，金省吾决定只责罚 [被处罚者年纪轻的]。（被处罚者）

(4-347) 特别是马希山，[被处罚者对他的部下] 不留情的责罚，更使他们害怕。（被处罚者）

(4-348) 刚才被责罚 [处罚内容打自己嘴巴] 的 [被处罚者小宫女刘清芬]，两颊还在火辣辣地发疼。（被处罚者+处罚内容）

(4-349) 有一日我的儿子犯了过错，我 [被处罚者对他] 的责罚是："[处罚内容若你再不给我改正，每天把你立在窗

口，听对面那人弹琴唱歌]。"（被处罚者 + 处罚内容）

另外，二词 FE"执行者"的语义类范围不同。"处罚"的"执行者"多为国家权力机关、行政部门及其工作人员；"责罚"的"执行者"可以是国家权力机关、行政部门及其工作人员，还可以是师长。例如：

(4-350) 邻家的小孩受到 [执行者父母] 的责罚哭了。

(4-351) 段小楼和程蝶衣不和，甘愿受 [执行者师傅] 责罚。

此外，二词非核心 FE"方式"的语义类范围也不同。"处罚"的"方式"是行为，即对被处罚者采取一定的行为；"责罚"的"方式"可以是行为，但大多同时还采取言语批评的方式。例如：

(4-352) 有些法律专家认为，这种父母代受责罚的法律不合宪法。（行为）

(4-353) 有一位学生来电说，他父母对其要求很高，成绩稍有一点不理想就责罚打骂。（行为和言语）

(4-354) 夫妻之间相互骂娘，习以为常，责罚孩子也是满嘴含"草"。（行为和言语）

综上，二词的 FE"被处罚行为"例显与否不同，"执行者"和"方式"的语义类范围不同。

4.1.6　FE 语义特征范围和量域范围有异

有的低度义近的同义词 FE 语义特征范围和量域范围都存在差异。

忘掉—忘记（GNo.33）

"忘掉"和"忘记"均指"经历的事物不再存留在记忆中；不记得"，激活了"忘记"框架，核心 FE 有"遗忘者"和"被遗忘项"。"忘掉"的"遗忘者"自主性比"忘记"强，即是遗忘者有意地主动地不记；"忘记"既可以指"遗忘者"不自觉地不记得，还可以指"遗忘者"主动忘掉，二词"遗忘者"的语义特征范围不同。将下面语例中的"忘掉"换为"忘记"即可感知这一差异：

(4-355) [遗忘者你] 认为哪件重要就去做哪一件，而 [被遗忘项把另一件] 忘掉。

(4-356) [遗忘者日本人] 总想 [被遗忘项把自己过去的罪行] 忘掉。

另外,"忘掉"的非核心 FE"程度"高于"忘记","忘掉"所指的不记得往往更彻底。例如:

(4-357) [遗忘者这种人] 可以忘掉 [被遗忘项自己是中国人]。

(4-358) [遗忘者那些比较聪明的人],便开始忘掉了 [被遗忘项他们的不幸]。

此外,语料库中检索到"忘掉"语例 252 条,仅 25 条(10%)用如否定句,大多用如肯定句;而"忘记"182 条语例中 111 例(61%)用如"不会/不应/没有/不能/不曾忘记"。二词用于否定句的比重有异。

综上,"忘掉—忘记"的 FE"遗忘者"语义特征范围不同,FE"程度"的量域范围有异,二词常用的句式也有异。

忘却—忘记(GNo.33)

二词均激活了"忘记"框架。"忘记"的"被遗忘项"可以是很久前发生或存在的,也可以是不久前发生或存在的;"忘却"的"被遗忘项"多是很久前的,二词 FE 语义特征范围有异。例如:

(4-359) 或许儿子也会来。儿子也该是小伙子了。可怜的小儿子![遗忘者妈妈] 不能忘记 [被遗忘项你两岁那年,不小心打翻了酒精灯,无情的火焰在你脸颊上留下了疤]。(很久以前)

(4-360) [遗忘者人们] 不会忘记,[被遗忘项一年前,台湾宜兰县上好渔业股份有限公司因缺少海上劳务,几次派人来洞头联系,当地渔民本着友好、负责的态度,挑选了一批年轻力壮、熟练的渔工赴台]。(不久前)

(4-361) [遗忘者湖南驻广州办事处的同志] 也难以忘却 [被遗忘项7 年前那个日子]。(很久以前)

(4-362) 所以作者在最后对于死去已三十年的阿长表达了 [遗忘者他] 始终没有忘却的 [被遗忘项感谢心情]。(很久以前)

另外,由于遗忘之后可以回想起来,所以"忘却"和"忘记"所激活的框架有 FE "持续时间",表示"忘记"所持续的时间。"忘记"可以指彻底不记得,也可以指暂时不记得,"持续时间"可长可短;"忘却"只指彻底不记得,"持续时间"长,二词 FE "持续时间"的量域范围是包含关系。"持续时间"较短时,只能用"忘记";"持续时间"较长时,用"忘却"和"忘记"都可以。例如:

(4-363) [遗忘者他父亲]摸索着装起一锅烟,手抖得划了十几根火柴才点着——而忘记了[被遗忘项煤油灯的火苗就在他的眼前跳荡]。(暂时不记得,不能换用"忘却")

(4-364) 此时[遗忘者她们]已忘记了[被遗忘项她们的陪同身份]。(暂时不记得,不宜换用"忘却")

(4-365) [遗忘者一批中青年骨干]正孜孜不倦地埋头工作,神情显得那么贯注,几乎忘却[被遗忘项外界的喧嚣]。(强调沉浸其中,彻底不记得,可以换用"忘记")

(4-366) 谈及往事,[遗忘者她]似乎忘却了[被遗忘项时空的阻隔]。(强调沉浸其中,彻底不记得,可以换用"忘记")

综上,"忘却—忘记"的核心 FE "被遗忘项"的语义特征范围、非核心 FE "持续时间"的量域范围均是包含关系。语体上,"忘却"有文艺风格色彩,一般不用于口语;"忘记"是普通词语,通用于口语和书面语。

4.1.7 FE 语义类范围、语义特征范围、量域范围有异

有的低度义近的同义词在语义范围的三个方面即语义类范围、语义特征范围和量域范围均有差异,如"折回、折返—返回"。

折回、折返—返回（GNo.3）

"返回"的用法详见 3.2.2.1。两个被释词也都激活了"返回"框架,核心 FE 有"施事""起点"和"终点"。"返回"除了表示空间位移外,还可隐喻社会活动中的位移,指回到原来所属的单位或行列,"折回""折返"均无此用法。下面语例中的"返回"不能换成两个被释词:

(4-367) 史说也随即返回新七军。

（4-368）由于基础脆弱，一些越过温饱线的农户一遇天灾人祸，又<u>返回</u>贫困人口的行列。

除了这一区别，两对同义词还在以下方面有差异。

1. FE"终点"语义类范围不同

"返回"的"终点"可以由表示具体地点的名词短语充当，也可以由表示大致范围的抽象名词短语充当；"折回""折返"的"终点"只能由表示具体地点的名词短语充当。在"终点"由表示大致范围的抽象名词短语例显的语例中，"返回"不能换用"折回""折返"。例如：

（4-369）从现在到旧历正月十五过后，全国将有几亿人口集中大流动，<u>返回</u>[终点家园]欢度春节。

（4-370）中国足球队又一次以失败结束大赛的出征，<u>返回</u>[终点祖国]。

可见，两个被释词的"终点"只能是具体地点，"返回"的"终点"既可以是具体地点，也可以是大致范围。

2. FE"位移路线"语义特征范围不同

"返回"的"位移路线"（指从"起点"到"终点"的路线）可以是去的路线，如可以说"原路返回"，也可以不是去的路线；"折回""折返"的"位移路线"一般是去的路线。例如：

（4-371）经批准登陆、住宿的船员及其随行家属，必须按照规定的时间<u>返回</u>船舶。（不强调按照去的路线返回，一般情况下也不是按照去的路线返回）

（4-372）孔繁森事迹报告团<u>返回</u>西藏。（不强调按照去的路线返回，一般情况下也不是按照去的路线返回）

（4-373）穆斯林方面认为这一做法不利于波黑的统一，要求难民必须<u>返回</u>家乡投票。（不强调按照去的路线回去，一般情况下也不是按照去的路线返回）

（4-374）上星期六，466名布基纳法索移民在海上经过5天的漂泊之后，到达阿比让港，并转乘火车<u>返回</u>瓦加杜古。（不是按照去的路线返回）

3. FE"间隔时间"和"位移距离"量域范围不同

"返回"非核心 FE"间隔时间"（施事在进行返回的位移运动前，进行过从终点到起点的位移运动，指这两次位移运动间隔的时间）和"位移距离"（指从起点到终点的距离）比"折回""折返"长，三词 FE"间隔时间"和"位移距离"量域范围不同。"间隔时间""位移距离"较长的语例中的"返回"不能换成"折返""折回"，例如：

(4-375) 现年 31 岁的侯赛因·艾迪德 14 岁时前往美国接受军事教育，1992 年底作为一名海军陆战队员返回索马里。（"间隔时间"较长）

(4-376) 无锡一信鸽飞行三千多公里返回。（"位移距离"较长）

此外，在配用方式上，不考虑 FE"施事"，"折回"的核心 FE 有"起点+终点""终点"和"起点"三种方式，和"返回"相同。例如：

(4-377) 之后，初田旭便又鬼鬼祟祟地 [起点从32号楼] 折回 [终点 D 楼 7 门 101 房后院墙外]。（起点+终点）

(4-378) 也就在冼鉴被迫折回 [终点顺德县] 去的时候……（终点）

(4-379) 一个人影忽然 [起点从前面] 折回，奔到齐晓轩面前。（起点）

"折返"54 条语例中 33 条用如"折返线""折返段""折返站""折返跑"等复合词，用作谓语时激活了"返回"框架，不考虑"施事"，FE 配用方式仅"终点"一种，例如：

(4-380) 我辈游人大多 [终点到天成寺] 折返。

(4-381) 半程马拉松赛起点设在西大街环岛，经怀丰路至雁栖湖公园前折返 [终点至西大街环岛终点]。

4.1.8 FE 语义类范围、量域范围和例显与否有异

有些低度义近的同义词，FE 语义类范围、量域范围和例显与否均存在差异。

吵嘴、斗嘴❶、口角—争吵（GNo.21）

"争吵"指"因意见不合大声争辩，互不相让"，激活了"争吵"

框架，核心 FE 有"争吵者"和"话题"。三对同义词有以下几方面的差异。

1. FE"争吵者"语义类范围有异

三个被释词 FE"争吵者"只见具体的人，未见其他；"争吵"的"争吵者"除了是具体的人，还可以是国家、组织等，语义类型多于三个被释词。下面语例中的"争吵"不宜换成三个被释词：

(4-382) [争吵者1 日] [争吵者2 美] 就一直<u>争吵</u>不休的"数值目标"已经达成了一致意见。

(4-383) [争吵者1 美国政府] [争吵者2 和国会] 在预算问题上<u>争吵</u>不休，陷入僵局。

2. FE"激烈程度"量域范围有异

"吵嘴""斗嘴"的非核心 FE"激烈程度"一般较低。例如：

(4-384) 两个女工从<u>吵嘴</u>到相互漫骂的过程很明显也很快捷。

(4-385) 年轻的女孩就是爱<u>斗嘴</u>。

"争吵"的"激烈程度"一般较高，"口角"的"激烈程度"可高可低，例如：

(4-386) 他原以为这趟车站相逢，夫妻俩准<u>争吵</u>得面红脖子粗。

(4-387) 他俩<u>争吵</u>虽十分激烈，但还能彼此宽容。

(4-388) 各自的缺点也显露出来了，小冲突、小<u>口角</u>也有了。

(4-389) 他要说话的冲动和他继之而来的沉默，使他十分痛苦，竟出乎意料转化为他与自己妻子之间的一场狂暴<u>口角</u>。

3. FE"话题"例显与否有异

"争吵"的"话题"虽然在句中例显得不多，但可以例显。例如：

(4-390) 西西和她的哥哥约瑟夫·帕特森——《纽约日报》的创办人——<u>争吵</u>得很激烈。

(4-391) 于是我们只能继续<u>争吵</u>，到后来成了攻击。

(4-392) 各州围绕这一问题长期<u>争吵</u>不休。

(4-393) 我仍然经常徘徊于校园中，与人大声<u>争吵</u> [话题有关政治或者宗教方面的问题，以及任何问题]。

"争吵"的三个被释词也激活了"争吵"框架，但"话题"从不在句中例显。例如：

（4-394）这就要求售票员首先不要因一些小事就与乘客吵嘴。

（4-395）邻里之间因生活琐事而吵嘴打架的情况是经常发生的。

（4-396）人家是跟你说真话，又不是跟你斗嘴。

（4-397）不知为何在和他的斗嘴中我能得到乐趣。

（4-398）于奎利对自己的前途丧失了信心，加之其婚后夫妇因家境窘困经常口角。

（4-399）有时仅仅因为经济拮据和生活压力过大，气火上撞引口角，无端造成纠纷。

此外，"吵嘴"和"斗嘴"常用于口语；"争吵"和"口角"通用于口语和书面语，但多用于书面语。

4.2 中度义近的同义动词

如果同义词所激活的框架、框架元素的语义范围、框架元素例显与否都相同，仅在框架元素的其他语义特点即语义类比重、语义特征比重、语义关系三方面中的任何一个或几个方面有异，这样的同义词属于中度义近。

4.2.1 语义类比重有异

有的中度义近的同义词，仅 FE 的语义类比重有异。

狩猎—打猎（GNo.25）

二词均指"在野外捕捉鸟兽"，激活了"打猎"框架，核心 FE 有"打猎者"和"猎物"。"狩猎"的"打猎者"可以是具体的人，但多为群体，多不例显，因此"狩猎"侧重于指打猎的行为。例如：

（4-400）谷物是从采集到种植的，牲畜是从狩猎到圈牧的。（不例显）

（4-401）这里冬天来得早，雪地的狩猎更别有一番野趣。（不

例显）

(4-402) 他们认为，这是[打猎者古人类]栖息和狩猎的场所。（群体）

(4-403) 第一次是在公元前一百万年，使用工具和制造工具使[打猎者人类]可以最大限度地采集食物和狩猎，人口因此迅速增加。（群体）

(4-404) 这是[打猎者她爹]前几年进林子去狩猎，打着一头马鹿，得到的鹿茸。（具体的人）

"打猎"的"打猎者"可以是群体，但多为具体的人，多在句中例显，因此"打猎"侧重于指打猎的活动。例如：

(4-405) [打猎者全族]都……在族长带领下外出打猎。（群体）

(4-406) [打猎者国防部副部长萨布]骑马打猎摔伤，瘫痪已半年余。（具体的人）

(4-407) [打猎者这位50出头的鄂伦春汉子]，从六七岁就随父辈爬高山、钻老林打猎，一晃就是几十年。（具体的人）

可见，"狩猎—打猎"FE"打猎者"的语义类比重不同，例显比重也不同。另外，"狩猎"还常用于构成复合词"狩猎业""狩猎证""狩猎场"等。

4.2.2 语义特征比重和语义关系有异

有的中度义近的同义词，FE语义特征比重和语义关系都存在差异。

爱怜—疼爱（GNo.14）

"疼爱"的用法详见4.1.1.2。在"关切喜爱"的意义上，"爱怜"也激活了"疼爱"框架，和"疼爱"相同的是，核心FE"经事"和"对象"可以是长辈和晚辈的关系，也可以是同辈；相互间可以有血缘关系，也可以没有；"对象"还可以是事物。例如：

(4-408) 表情多了，心里老像藏着事，愈惹[经事父亲]爱怜。（长辈对晚辈，有血缘关系）

(4-409) 也许是出于[对象对幼小生命]的本能爱怜，老吕把孩子抱回了家。（长辈对晚辈，无血缘关系）

(4-410) [对象这位新通桥立交工地30多岁的女队长]，既让人敬佩，又[经事让人]爱怜。（平辈之间）

(4-411) [对象这种散文]，温情洋溢，逗[经事人]爱怜。（"对象"为事物）

不同的是，"疼爱"的"对象"并不要求"弱小"的语义特征，可以有，也可以没有；"经事"和"对象"之间多有血缘关系。"爱怜"的"对象"多有"弱小"的语义特征；"经事"和"对象"之间多无血缘关系，因而侧重指"关切"而非"喜爱"。例如：

(4-412) 当[经事他]得知少华是一个农家孩子，……对[对象少华]更加爱怜。

(4-413) [经事她]同情和爱怜[对象这些被生活所抛弃的不幸者]。

(4-414) 也许是[对象那些生病的孩子]更能引起[经事人]的爱怜吧。

(4-415) [经事他]也会爱怜[对象小孩]。

综上，"爱怜—疼爱"FE"对象"的语义特征比重有异，FE"经事"和"对象"语义关系有异。

4.2.3 语义类比重、语义特征比重和语义关系有异

有的中度义近的同义词在 FE 语义类比重、语义特征比重和语义关系上均有异。

怜爱—疼爱（GNo.14）

"疼爱"的用法详见4.1.1.2。"怜爱"也激活了"疼爱"框架，核心 FE 有"经事"和"对象"。和"疼爱"不同的是，"怜爱"的"对象"为"物"的比重高于"疼爱"；"对象"多有"弱小"的语义特征；"经事"和"对象"间多无血缘关系。例如：

(4-416) 那娇弱引[经事人]怜爱的[对象花姿]，突然给人一种心情舒畅的感觉。（"对象"为事物）

(4-417) 首先怜爱[对象猕猴桃]者，自然是[经事那些终年和她并肩为伍的山民们]。（"对象"为事物）

(4-418) 民族杂居的山寨里，[对象那个无辜的小生命]在[经事

贫穷而淳朴的李国强夫妇]的怜爱下，慢慢长大了。（"对象"弱小，"经事"和"对象"无血缘关系）

（4-419）[对象更为柔弱和更为无助的女人]，备受[经事男人]的怜爱。（"对象"弱小，"经事"和"对象"无血缘关系）

（4-420）合唱团的小演员，被称为一群引[经事人]怜爱的[对象"小天使"]。（"对象"弱小，"经事"和"对象"无血缘关系）

综上，"怜爱—疼爱"的"对象"语义类比重和语义特征比重不同，"经事"和"对象"间的语义关系有异。

4.3 高度义近的同义动词

在所激活的框架、框架元素的语义特点和例显与否三方面均无差异的同义词，属高度义近。高度义近的同义词并非没有差异，而是词语理性意义无差异，感性意义、用法特征等方面可能有差异。根据感性意义和用法特征的差异大小，对高度义近的同义词具体分析如下。

4.3.1 感性意义、用法特征差异显著

4.3.1.1 语体色彩差异显著

研究词目范围内，语体色彩的显著差异仅见口语和书面语的差异。被释词和释词语体色彩差异显著是指其中一词《现汉》标注〈口〉或〈书〉，另一词未标。《现汉·凡例》说，"标〈口〉的表示口语，……标〈书〉的表示书面上的文言词语"。口语词、书面语词的判断以《现汉》为准是因为：一，目前没有明确的口语和书面语判断标准；二，从权威性方面考虑，《现汉》是首选。

系念—挂念（GNo. 28）

二词均激活了"挂念"框架，核心 FE 有"挂念者"和"被挂念项"，框架、FE 语义特点和例显与否均未见有异，属高度义近。"系念"书面语色彩浓厚，《现汉》标为〈书〉，"挂念"通用于口语和书面语。例如：

（4-421）怅望着祖国的天穹，系念着民族的命运，关切着革

命的进程。

(4-422) 她系念不释的，仍是党和人民的事业。

(4-423) 听说二呆在舍儿他们那一带行医，书元两口子也不挂念了。

(4-424) 走吧，别挂念我和丫丫。

思忖—思量（GNo.12）

二词在"考虑"的意义上激活了"思量"框架，核心 FE 有"思量者""内容"和"结论"，"内容"指思量者思索的事情或问题，"结论"指思量者思索得出的论断。例如：

(4-425) [思量者阿英]……思忖片刻摇摇头。

(4-426) [思量者他] 在思忖着[内容该不该提问他]。

(4-427) [思量者我] 不禁思忖着：[结论世间万物都有尽时，一切都会消亡，唯独爷爷的毡靴永世长存]。

(4-428) 这样思量着，他冒着夜雨大步朝前走去。

(4-429) [思量者她] 思量着：[内容自己会是个有特色的姑娘吗]？

(4-430) [思量者他] 心中暗自思量：[结论官场中有这等新式人物，真是难得]。

二词框架、FE 的语义特点和例显与否均未见有异，属高度义近。"思忖"《现汉》标为〈书〉，而"思量"通用于口语和书面语，多用于口语。另外，"思忖"使用频率低于"思量"。①

田猎、行猎—打猎（GNo.25）

三词均指"在野外捕捉鸟兽"，激活了"打猎"框架，核心 FE 有"打猎者"和"猎物"，框架、FE 语义特点和例显与否均未见有异，属高度义近。但"打猎"通用于口语和书面语，"田猎""行猎"《现汉》标为〈书〉。两个被释词用例如下：

(4-431) 有的着意刻画了贵族的骄奢淫逸，如飨宴会饮，车马出行，游射田猎，博弈舞乐。

---

① 在一些方言地区，"思忖"用于口语。同义组中的"忖量❷"和"思想❸"在语料库中检索到的语例很少，"忖量❷"带有书面语色彩，也用于方言。"思想❸"带有方言色彩。

(4-432) 在古代，天子往往会在四时（春搜、夏苗、秋狝、冬狩）进行田猎。——今报网

(4-433) 皇上行猎，用一些劣马已够了。朝廷有什么责罚，全由我承担。

(4-434) 根据康熙年间规定，百姓若私进围场打柴，罚银5两，越境行猎者则处以重罚。——新浪网

有的高度义近的同义词除语体色彩有显著差异外，在感性意义的其他方面也略有差异。

拉扯❻—闲谈（GNo.40）

"闲谈"的用法详见3.2.2.1。二词均指"随意地交谈"，激活了"闲谈"框架，理性意义未见有异。但"闲谈"通用于口语和书面语，"拉扯"只用于口语，《现汉》标为〈口〉。另外，"拉扯"有一定的贬义色彩，"闲谈"是中性词，例如：

(4-435) "这是政府，我在执行工作。"李佩钟说，"不要拉扯私人的事情。"

(4-436) 就是你们家房子多，还拉扯哪个？把东西厢房全腾出来吧，我看四条大炕，能盛一个连！

4.3.1.2　FE例显比重差异显著

有的高度义近的同义词，框架元素例显比重差异显著。

闲话❸—闲谈（GNo.40）

"闲谈"的用法详见3.2.2.1。"闲话"也激活了"闲谈"框架，核心FE有"闲谈者"和"话题"。"闲谈"的"话题"可以在句中例显，但大多不例显，而"闲话"的"话题"一般都例显，且"闲话"约一半的语例用作标题，带有一定的书面语色彩。例如：

(4-437) 闲话 [话题 科学与音乐]

(4-438) 闲话 [话题 太上皇]

(4-439) 闲话 [话题 做人]

(4-440) 在美国闲话 [话题 人生的意义]

4.3.2　感性意义、用法特征略有差异

有些高度义近的同义词理性意义未见有异，只在感性意义或成系统

的用法上略有差异。

4.3.2.1 语体色彩略有差异
4.3.2.1.1 口语体和书面语体色彩略有差异

语体色彩略有差异是指同义词在口语或书面语的使用倾向上有异，但不是《现汉》标注的口语词或书面语词。

牵念—挂念（GNo.28）

"挂念"的用法详见 2.4.5.1。"牵念"和"挂念"一样，激活了"挂念"框架，核心 FE 有"挂念者"和"被挂念项"，"被挂念项"可以是家人、亲人，也可以是没有亲缘关系的人，还可以是事物或事情。例如：

(4-441)《一个小女孩的秘密》的主人公是<u>牵念</u>[被牵挂项将要死去的十二岁的哥哥]吗？（家人）

(4-442) 杭州一些志愿者……很<u>牵念</u>[被牵挂项那里的孩子们]。——三秦都市报（没有血缘关系的人）

(4-443) 那年我客居在塞北高原，面对异地的漫天风沙，竟如此<u>牵念</u>[被牵挂项那青滴滴、满盈盈、丝绸般滑爽闪亮，琴弦般叮咚流淌的柔河轻波]！——上海金融报（事物）

(4-444) 卢书记<u>牵念</u>[被牵挂项老百姓看病难]。——大河报（事情）

二词框架、FE 语义特点和配用特点未见有异，但"牵念"多用于书面语，"挂念"通用于口语和书面语。

佯装—假装（GNo.5）

"假装"的用法详见 3.2.1.1.2。"佯装"也激活了"假装"框架，核心 FE 是"施事"和"假象"。和"假装"一样，"佯装"的"假象"可以是故意表现以掩饰真相的情绪、性情、动作、情况或身份等。例如：

(4-445) [施事媒婆]……<u>佯装</u>[假象生气]，拂袖而去。（情绪）

(4-446) [施事他]……<u>佯装</u>[假象癫狂]。（性情）

(4-447) [施事记者]<u>佯装</u>[假象要买]，老板娘热情异常。（动作）

（4-448）仅派少数游骑作为疑兵，佯装[假象有西窥山西之势]。（行为）

（4-449）[施事这名乘客]明知自己的口袋被掏，却佯装[假象不知]。（情况）

（4-450）[施事案犯]佯装[假象市农行保卫人员]来到浥北农村信用社。（身份）

二词 FE 语义特点和配用特点上均未见有异。语体上，"佯装"常用于书面语，"假装"通用于口语和书面语。

折本、蚀本—赔本（GNo.6）

三词均指"本钱、资金亏损"，激活了"赔本"框架，表示某人做什么赔了本，核心 FE 有"施事""活动"和"金额"。不考虑"施事"，核心 FE 配用方式有"活动"和"金额"两种。例如：

（4-451）14 元卖给你算了，折本[活动生意]！（活动）

（4-452）新店开张之初……第一个月即折本[金额一千元]。（金额）

（4-453）这样的蚀本[活动生意]谁又愿意来做呢？（活动）

（4-454）赛特率先推出"自由退换货"，并做好蚀本[金额100万元]的准备。（金额）

（4-455）赔本的[活动事]谁也不愿干。（活动）

（4-456）三年前跑供销赔本[金额13万元]，如今搞了运输大翻身的村副支书孙绍宽喜形于色地说……（金额）

两对同义词理性意义、语法意义未见有异。语体色彩上，"折本"和"蚀本"多用于书面语，"蚀本"在南方地区多用于口语；"赔本"通用于口语和书面语。

看轻、小看—轻视（GNo.8）

"轻视"的用法详见4.1.4。"看轻"也激活了"轻视"框架，核心 FE 有"轻视者"和"被轻视项"。两对同义词 FE 的语义特点和配用特点未见有异。"看轻""小看"的大部分语例都可以换用"轻视"。例如：

（4-457）这种自甘"保姆"地位的妻子最容易被没有责任心的男人所看轻所抛弃。

(4-458) 他说他并不看轻打铁的抬轿的人格。
(4-459) 我绝对没有小看你的意思。
(4-460) 这不正说明她是抗俗的，反对父亲小看一个小工人吗？

语体上，"看轻"通用于口语和书面语，但多用于口语；"小看"用于口语；"轻视"通用于口语和书面语，多用于书面语。书面语中的"轻视"不宜换用"看轻"或"小看"，例如：

(4-461) 要反对党员和干部中那些轻视工人阶级的资产阶级和小资产阶级的思想。
(4-462) 为了加强共产主义的思想修养，要向实践学习，同时，也决不应当轻视读书。

用法上，"看轻"可以用在"把"字句中，"轻视"不可以；"轻视"可以作"受"的宾语，可以作状语，"看轻"和"小看"不可以。例如：

(4-463) 别把我的戏剧看轻了，它确实磨炼人。
(4-464) 尽管可以去学手艺，可是难免受人家的轻视。
(4-465) 冯永祥轻视地伸出右手的小拇指来。

歇息❶、休憩—休息 （GNo.17）

两个被释词均激活了"休息"框架，FE 语义特点和配用特点均未见有异，其非核心 FE "持续时间"的量域范围和"休息"一样，可长可短。例如：

(4-466) 塔身每层都铺了楼板，供游人止步休憩。（"持续时间"较短）
(4-467) 作者一入冬就到这儿休憩，追忆那纯朴的风情、梦幻的故事、愉快的旅程。（"持续时间"较长）
(4-468) 稍事歇息之后，即前往知味观共进午餐。（"持续时间"较短）
(4-469) 不要太劳累了，《秦牧全集》已出来就该好好儿歇息了。（"持续时间"较长）

两对同义词仅语体色彩有异，"休息"通用于口语和书面语；"歇息"常用于书面语,在北方地区多用于口语;"休憩"书面语色彩较重。

找寻—寻找 (GNo.34)

二词均激活了"寻找"框架,核心 FE 有"寻找者"和"对象","寻找者"都是人或其他有生物,"对象"都是要见到或得到的人、物、方法、事实等,可以是失去联系的人或旧有的物,也可以是新的人、物、方法、事实。例如:

(4-470) 恰好女教师的丈夫有个弟弟在辽宁,他们已多年失去联系,于是又寄信托王充闾代为寻找。(失去联系的人)

(4-471) 他们分析形势,认识自己的优势,寻找[对象新的突破点]。(新的事物)

(4-472) 他决定利用在军调部的机会,抽空去找寻[对象失去联系的同志]。(失去联系的人)

(4-473) 她爱向丛林与荒野找寻[对象题材]。(新的事物)

二词理性意义未见有异。语体上,二词均带有书面语色彩,但和"寻找"相比,"找寻"更少用于口语。

4.3.2.1.2 正式和非正式语体色彩略有差异

一般而言,口语多不如书面语正式,但正式语体和非正式语体与书面语和口语之间并不是对应的。口语也有正式口语和非正式口语之分,跟上级面谈的口语较为正式,跟亲人或熟悉的朋友间的谈话、轻松随便的场合的谈话多为非正式口语。"正式和非正式语体色彩略有差异"是说二词多用于正式语体还是多用于非正式语体的倾向不同。如"闲聊—闲谈"。

闲聊—闲谈 (GNo.40)

二词均指"随意地交谈",激活了"闲谈"框架,核心 FE 有"闲谈者"和"话题",配用方式具体如下。

1. 闲谈者

(4-474) [闲谈者1 他]……在咖啡馆里[闲谈者2 与各种人]闲聊。

(4-475) 下班后,[闲谈者她们]也进咖啡馆、酒吧间畅饮闲聊。

(4-476) [闲谈者1 我]……[闲谈者2 跟身旁女士]闲谈。

(4-477) [闲谈者他们]在落日薄暮时坐在一个花园中闲谈。

2. 话题 + 闲谈者

(4-478) 平日在 [闲谈者2 跟朋友] 闲聊 [话题 读书] 时，有的同志说他有一个嗜好：欢喜读初版书，觉得初版本真实。

(4-479) 记得 [闲谈者1 我] 在美国 [闲谈者2 和一位教授] 闲谈起 [话题 学术书籍的出版] 时，他对中国的哲学书能印这么大的数量颇表惊异。

二词理性意义未见有异，均通用于口语和书面语，但"闲谈"比"闲聊"多指正式场合的交谈，对比下面语例即可感知此差异：

(4-480) 而所谓谈话，自然是出入沙龙的文人雅士之间的谈话，不会是村夫野老之间的闲聊。

(4-481) 闲聊时开玩笑，问妈妈我结婚时给多少嫁妆？

(4-482) 我……便放下书与顾老闲谈了一会儿，告辞走了。

(4-483) 与一些长期为企业出谋划策的专家闲谈，才更深刻地感到信息咨询的特有魅力。

4.3.2.2 语体色彩和感情色彩略有差异

有些高度义近的同义词在语体色彩和感情色彩上均略有差异。如"闲扯—闲谈"。

闲扯—闲谈（GNo.40）

二词均指"随意地交谈"，激活了"闲谈"框架，理性意义未见有异。但"闲扯"多用于口语，"闲谈"多用于书面语。有明显书面语特点的语例中的"闲谈"不能换成"闲扯"，例如：

(4-484) 席间闲谈，方知虹鳟鱼原产美国，后移植于欧洲、日本、朝鲜半岛和我国东北。

(4-485) 作者以自己的亲身经历和对生活的感受写的这封信，朴实无华，亲切委婉，似闲谈，像聊天，字里行间流露出对自叹命运不公者的真诚爱心。

感情色彩上，"闲扯"本身不是贬义词，但有时会带有贬义色彩，例如：

(4-486) 女人闲扯起来没完。

(4-487) 小伙子们，干吗坐着闲扯，不出去想法挣点钱。

4.3.2.3 感情色彩和使用语域略有差异

有的高度义近的同义词，在感情色彩和使用语域上略有差异。

丧生—丧命（GNo.31）

二词均激活了"丧命"框架，核心 FE 为"逝者"，理性意义未见有异，差异在于说话人对死亡事件的感情色彩。"丧生"的说话人对死亡事件是客观陈述，不带明显的感情色彩；如果要表达感情，需要另外使用修饰语"不幸"等。"丧命"的说话人对死亡事件流露出一定的感情，多含有死得可惜、悲惨等感情色彩。感情色彩的不同造成二词使用语域的不同。"丧生"多用于新闻报道，很少用于日常叙述；"丧命"可用于新闻报道，但多用于日常叙述。例如：

(4-488) 该市三家外资玩具厂先后发生的中毒事故，已使81人中毒，4人丧生。（新闻报道）

(4-489) 西欧发达国家的现代化城市，每一次暴风雪灾害，常常使数十数百人丧生。（新闻报道）

(4-490) 正在苏呼米市进行视察的谢瓦尔德纳泽16日遭炮弹袭击险些丧命。（新闻报道）

(4-491) 姑姑也因在路上生孩子大出血而丧命。（日常叙述）

4.3.2.4 比喻用法的比重略有差异

比喻用法的比重有差异是指同义的两个词均有比喻用法，但一词比喻用例在其所有用例中的比重较高，另一词比喻用例在其所有用例中的比重较低，有一定差异。

启碇—起锚（GNo.7）

二词均指"把锚拔起，船开始航行"，激活了"起锚"框架，理性意义未见有异。例如：

(4-492) 基玛轮于三月十一日启碇，十七日到达大沽口。

(4-493) 澳大利亚西北角的丹皮尔港，平均每两天就有一艘大型中国货轮起锚返航。

"启碇"11条语例中有7例是比喻用法，"起锚"61条语例中仅有3例是比喻用法，二词比喻用法的比重有差异。例如：

(4-494) "数千年未有之大变局"中，新旧断层的一边有条船就要启碇了。

（4-495）此刻他面对着一片黑乎乎的土地，就像一位掌握着方向的舵手，等待着启碇进入滔滔江流的瞬间。

（4-496）当一些人终于在生活中找到了自己的归宿，又有一些人启碇开航，开始对生命进行新的探索……

（4-497）你刚起锚，便是辉煌壮丽的起点。

领路—带路（GNo.26）

二词均指"带领不认得路的人行进"，激活了"带路"框架，核心FE有"带路者"和"不识路者"，例如：

（4-498）[带路者几个孩子] 呼叫着头前带路。

（4-499）[带路者他] 曾 [不识路者给南下解放军] 带路。

（4-500）[带路者老人]……领路前进。

（4-501）[带路者我][不识路者给你] 领路。

在基本义"带领不认得路的人行进"上，"领路—带路"未见有异。二词另外都有比喻用法，喻指"带领人生的路或发展的路"。"带路"的比喻用法仅见于构成的复合词"带路人"中，句例中较少有比喻用法；而且，复合词中的比喻用法的比重也低于"领路"所构成的复合词"领路人""领路者"等的比重。"领路"比喻用法的用例如：

（4-502）绥宁靠信息领路调整农业结构。

（4-503）这是一群无人领路的孩子。在他们刚刚踏入社会，本该由谁领他们走上一条正确的道路。

4.3.3 感性意义、用法特征均几无差异

有些同义词框架、框架元素的各方面和感性意义均未见有异，用法特征的差异也不成系统，只在某一组合搭配或频率上有异，但和意义无关。

拔锚—起锚（GNo.7）

二词均指"把锚拔起，船开始航行"，激活了"起锚"框架，理性意义和感性意义均未见有异，用法上也未见有系统差异。但"拔锚"常和"启航""起航"连用，而"起锚"因和"启航""起航"有同音词素，未见有和"启航""起航"连用的语例。例如：

（4-504）等他赶到码头时，客轮已拔锚启航了。

(4-505) 面对国际市场的海洋,如何加快速度,拔锚起航?

按脉、把脉❶、号脉—诊脉（GNo.20）

四词均表示"医生用手按在病人腕部的桡动脉（沿前臂靠桡骨的一侧）上,根据脉搏的变化来诊断病情",激活了"诊脉"框架,核心FE有"诊脉者"和"受诊者",配用方式有两种:

1. 诊脉者+受诊者

(4-506) [诊脉者医生] [受诊者给阿英] 按了按脉,又摸一摸她的头。

(4-507) [诊脉者那医生]……坐下来 [受诊者给我的父亲大人] 把脉。

(4-508) [诊脉者周恩来]……亲自 [受诊者为龚澎] 号脉。

(4-509) [诊脉者他] 在打工中义务 [受诊者为人们] 诊脉、开方。

2. 诊脉者

(4-510) 他……像 [诊脉者医生] 按脉一样,能洞悉全营整个脉搏的跳动。

(4-511) [诊脉者周恩来]……在龚澎那只枯瘦而全无知觉的手上把脉。

(4-512) [诊脉者王怀彦] 一直守候了60天,一天一号脉,十天一剂方。

(4-513) [诊脉者关老] 照例悉心诊脉开方。

四词均有比喻用法①,例如:

(4-514) 省委常委、贵阳市委书记李军在和群众面对面交流时,曾提出一个"政府要面子,百姓要肚子"的话题,这是一个切中时弊,按脉切理的真实话题。——贵阳日报

(4-515) 记者……走访了北京几家大型商城和一些生产企业的负责人,请他们为保真商城"把脉"。

(4-516) 金厂峪矿的领导……请中国科学院专家来号脉开方

---

① 《现汉》为"把脉"设立比喻义"比喻对某事物进行调查研究,并做出分析判断"。同义组中的其他三个词虽然也有比喻用法,但不如"把脉"的比喻义常用,因此未设立比喻义项。

(4-517) 庄户人也开始热衷于技术，纷纷聘请有技术证件、信得过的农民到家"诊脉"。

四词均为离合词，例如：

(4-518) 莫君锡……看了看舌，按了按脉。——新华网河南频道

(4-519) 但我们至少可以为他们把把脉，画画像，摇摇头，叹叹气。

(4-520) 请给部分民营医院号号脉。——新华网重庆频道

(4-521) 小案子……可找大律师诊诊脉，让大律师推荐小律师。——燕赵都市报

四词激活的框架、FE 语义特点和配用特点等均未见有异。目前发现它们在使用上的唯一区别是："诊脉"可说"悬丝诊脉"，其他几个被释词未见和"悬丝"搭配使用的。

在说同义词理性意义无异时，我们也难免忐忑：一是搜集的语料是否充足？若将词义分析建立在数量并不充足的语料基础上，分析所得结论难免会有偏差。二是分析是否到位？可能二词意义有异，我们分析不足而未能发掘。但就本书划定的语料库路径检索到的语料范围，在尽可能细致的观察下，我们暂得出本章涉及的高度义近的同义词理性意义未见有异的结论。

4.4 小结

本章分别分析了研究词目范围内的低度义近、中度义近和高度义近的同义动词，其中以低度义近的同义动词数量最多。

FE 语义类范围不同是造成低度义近的最常见因素，FE 例显与否的差异也常伴随着 FE 语义类范围的不同。造成同义词中度义近的最常见因素是语义类比重有异。高度义近的同义词在理性意义上没有差异，在感性意义或用法特征上有异。

本章所列的不同等级的同义动词的具体类型是针对本书的研究词目，扩大研究词目范围会增加新的具体类型，也会因后续研究发现新的框架元素差异方面而有所增补。

第五章 同义度的研究价值

同义度是同义词研究中极具价值的问题之一。同义度研究为我们提供了一个重新思考同义词的界定和判定的视角,这是其理论价值之一。同义度研究为语文词典单一释词对释式的使用提供了参考,这是其应用价值之一。本章从这两个角度简述同义度研究的价值。

5.1 为同义词界定和判定的再思考提供视角

5.1.1 同义词界定研究述评[①]

同义词研究中的首要问题是同义词的界定。同义词的界定一直是同义词研究的热点,成果颇丰。池昌海(1998)曾进行总结,认为同义词的界定可以概括为"意义同、近说""概念同一说""对象同一说""义位同一说"四种观点。这种分类虽然被很多论著采用,但其中有些认识较为模糊,有些观点值得商榷,如"意义同、近说"和"概念同一说""对象同一说"的区别到底是什么?"义位同一"是同义词界定的一种观点还是必须遵循的基本原则?要界定同义词是什么样的词,必须要说明"意义"是什么。在同义词界定的纷繁观点背后,潜隐着研究者对于"意义"的看法,即意义观。从意义观的角度梳理同义词的界定研究,能够探析各种观点的理论背景,准确抓住各种观点的优劣。新中国成立至今六十多年来内地的同义词界定研究中,表现出的意义观有指称观、概念观、反映观和联想观四种。除以此四种意义观为理论背景的同义词界定,另外还有意义观不明和多种意义观的同义词界定。下面一一进行分析和评论。

[①] 本节内容以《六十年汉语同义词界定研究述评——从意义观的角度》为题目发表在《海南师范大学学报》(社会科学版)2014年第1期,收入本书时略有改动。

5.1.1.1 意义观不明的同义词界定

同义词研究早期，学界对意义和同义词的认识尚不深入，往往简单地将同义词界定为意义相同或相近的词，但未指明"意义"是什么，哪部分意义必须相同，哪部分可以不同。如，王了一（1953）说同义词是"意义相同"的词。高名凯（1955：59）引用苏联研究者阿布拉摩维契的定义说"同义词就是意义相近的词"。洪梦湘（1957）、孙良明（1958）、张志毅（1958）、孙玄常等（1965：14）、北京师范大学中文系编写组（1972：13）、杨书忠（1972：29）、苏蛰等（1984：21）、葛本仪（1985：94；2001：192）等表述略有不同，但均是如此界定。有些界定还额外考虑了语音因素，如北京大学中国语言文学系语言学教研室（1959：67）认为"同义词就是声音不同而意义相同或相近的词"。

有的语义学论著界定同义词也采取了这种简单化的做法。如，Evelyn Hatch，Cheryl Brown（2001：19）说同义词是含有相同意义的词（Synonyms are words that share meanings）。John I. Saeed（2000：65）说同义词是语音不同而意义相同或非常相近的词（Synonyms are different phonological words which have the same or very similar meanings）。John Lyons（2000：60）说意义相同的词语是同义的（Expressions with the same meaning are synonymous）。

有的研究者借助同义场界定同义词，如黄伯荣、廖序东（1997上册：280）认为"意义相同或相近的词组成的语义场叫做同义义场，义场中的各个词叫做同义词"，其实是循环定义。

还有的研究者试图探及同义现象的本质，但并没有深入阐述，还是没有摆脱对同义词的字面阐释。如，君朴（1956）说"要鉴别几个词之间彼此有没有同义的关系，首先要看它们的意义有没有相同的地方"，但没有说明"意义"是什么，"相同"的标准是什么，相同到哪种程度才是同义词。璩一（1953）举例阐述了什么样的词是同义词，认为"意义完全相同"的"父亲—爸爸—爹—爹爹"、"意义相近，但用法不同"的"聪明—智慧"、"意义和用法都相近但都小有区别"的"规则—规矩"都是同义词，但未表明何为意义"完全相同"和"相近"、何为意义和用法"小有区别"。

这些界定从字面对"同义词"进行说明，没有明显的漏洞和瑕疵，但传递的信息少，意义观不明，据此难以很好地将同义现象和其他相近的语言现象区分开。在此阶段之后，同义词的界定均有明确的意义观为理论背景，虽然有的意义观存在问题，但相较意义观不明的同义词界定，是很大的进步。

5.1.1.2 以指称观为背景的同义词界定

词语通过指称外部世界中的事物或现象而具有意义，一个词语的意义就是它所指称的对象，这是意义的指称观。以指称观作为理论背景，研究者往往将同义词界定为指称同一事物或现象的词语。

如，孙常叙（1956：220-237）说同义词"表达同一对象"，并强调判断同义词"唯一的依据就是它们是不是概括同一对象"。高庆赐（1956）说同义词表示"同一事物的名称"。高庆赐（1957：5）认为同义词"标志着同一对象"。张静、蒋荫枬（1988：153-155）认为等义的同义词代表的"事物或现象相同"，近义的同义词不表示"同一事物或现象"，也是以指称观为理论背景。

指称观的种种不合理之处遭到学界普遍批评，原因主要有两点。一是语言中的词语并非均有客观所指，抽象名词、集体名词、抽象动词、虚词等就没有具体所指。二是语言不是对客观世界的镜像反映，词语和事物并非一一对应，一个词语可以指称不同的对象，一个对象也可以用不同的词语指称。以指称观为背景的同义词界定，早有研究者提出批评，张志毅（1965）就明确指出"同义词存在的基础，不是指称同一对象"。

5.1.1.3 以概念观为背景的同义词界定

概念观认为词义对应概念。持概念观的研究者往往把同义词界定为表示同一概念的差异细微的词语或外延相同、内涵有异的词语。

苏联语言学家克留耶娃以"概念同一"界定同义词的观点在20世纪五六十年代对中国研究者影响很大。如，周祖谟（1956）详引克留耶娃的观点并表示赞同，说："同义词所表示的是同一个概念之内的各种细微差别。"刘冠群（1957）引用克留耶娃的论述，并说："只有把两个归结成为一个主要的概念才能建立同义词组。"

石安石（1961）认为同义词"应该是概念相同但词义有所不同的词。同义词间意义的差别，不能大到概念间的差别，只能是在同一概念的情况下的细微差别，或所谓'补充意味'的差别"。刘叔新（1964）说某几个词有同义关系，就是因为它们的意义都"体现同一的概念而又稍有差异"。张永言（1982：108）说同义词"表现同一概念，但在补充意义、风格特征、感情色彩以及用法上则可能有所不同"。张履祥（1984）说"同义词表现基本同一的概念，但在其补充义、风格义、感情色彩义以及语法功能义等方面，都存在着细微的差别"。高文达、王立廷（1980：48-49）说"等义词所表示的概念是相同的，……近义词所表示的概念基本一致"。符淮青（1985：119-121）将同义词分为"概念义完全相等"的等义词和"概念义有同，概念义和附属义有异"的同义词，用概念是否同一区别等义词和狭义同义词。石毓智（1992）从概念关系确定同义词范围，认为词的概念所确指的对象范围相交或重合的才是同义词。陆善采（1993：95）认为"同义词所表示的是同一概念之内的各种细微差别。也就是说，表示同一概念之内的各种细微差别的词，才是同义词"。陈满华（1994）认为同义词是"共有某一属概念、词义的外延的主要（基本）部分相交叉或完全重合的一组词"。石安石（1994：26）说同义词"应该是概念相同但词义有所不同的词"。汪榕培（1997：164）说"同一个意义或概念，可以有一个以上的词来表达，……这样的词叫做同义词"。

有的研究者用"概念对应性"来界定同义词。如，葛本仪（2001：191-193）说同义词的"本质特点就表现在词汇意义、语法意义和词义概念对应性的完全相同上"。葛本仪（2003）说"同义词就是意义相同的词。所谓意义相同主要就表现在词的词汇意义和语法意义的完全相同上，其中词的词汇意义及其概念对应性又是决定性的因素"。周玉琨（2002）说"词汇意义和概念对应性的相同是确定同义词的根本依据"。所谓"概念对应性"，葛本仪（2001：153）认为指的是词语与其表示的概念之间的对应关系，"词义是概括的，在绝大多数的情况下，它总是用来表示着某一类的客观事物，并因此也标示着某一类客观事物的概念，这就使词义有了概念对应性的特征"，但只举了表物名词"鱼"这一个例子，没有详细阐述，用它来界定同义词时也没有说明何谓概念对应性相同。概念对应性相同指的是两个或多个词语表示同一概念还是词语与其概念之间对应关系的类型相同呢？不妄加揣测，因和概念有关，暂置此处。

概念观与指称观相比，其优点是离析出"内涵"和"外延"分别加以描写，其缺陷是将语义范畴对应于哲学范畴。词义和概念并非一一对应，很多词不表示概念，如感叹词、语气词、拟声词等。以概念观为意义观的同义词界定也受到许多批评。王理嘉、侯学超（1963）指出如果根据概念标准来确定同义词,是不是同义词就取决于各人对词义所表示的概念的理解了,而各人对概念是否相同的理解可能并不一样。张志毅(1965)指出"把'同一概念'作为确定同义词的唯一根据,实际上就是用概念代替了词义。这样就要导致……把不同词汇系统的'同一概念'的词当做同义词。这样也就要排除词义大部分相同的这类词"。孙汝建(1982)也认为"根据'是否表示同一概念'来判别同义词是行不通的"。梅立崇(1988a)认为概念说会将同义虚词排除在同义词范围外。

5.1.1.4 以反映观为背景的同义词界定

其后,研究者们对概念观的缺点予以修正,提出概念义是理性认识的结果,是实词词义中的理性意义部分;实词词义中比相应概念多出来的部分是感性意义;虚词不表示概念但可以表示语法关系。将词义分为理性意义和感性意义的做法契合意义反映观的思想,反映观认为词义是事物或现象在人们意识中的概括反映。据张志毅、张庆云(2005b:121)介绍,这种意义观来源于辩证唯物主义的反映论:

(1)反映的内容是客体、主体以及语言世界,除了其一般或本质特征之外,还有作为常识标志的区别特征。即包括科学和常识两个层次。(2)人们对事物做出了能动的反映,其中包含着人们的理解、认识、取舍、评价等。(3)对同一事物可以做出不同的反映。(4)这种反映只能接近认识的极限,而不能达到认识的极限,内中难免有质的虚假和量的非等同。(5)随着客体、主体及语言世界的发展变化,词义(义位)也发展变化。

持反映观的研究者主要从理性意义和感性意义来界定同义词。如,张志毅(1965)认为"同义词存在的基础是根本意义(即理性意义——笔者按)大部分重合"。谢文庆和刘叔新等根据理性意义和感性意义的异同对同义词进行分类。谢文庆(1982;1985:5-8)将同义词分为三类:"理性意义方面具有很大的共同性,又有着细微差别";"理性意义完全相同,只是色采意义,也就是附加意义,象感情色采、语体色采、形象色采等稍有差别";"理性意义上不完全一样,同时,又兼有色采意义的细微差别"。刘叔新、周荐(1992:68-73)对同义词的分类和谢文庆相似:"理性意义完全一致,只是感情意义(色彩)上存在差异";"理性意义不完全一致,抽象反映同一对象的性质特点相互有些出入";"理性意义不完全一样,即意味有别,同时表达色彩也存在差异"。梅立崇（1988a）从理性意义和感性意义的角度对同义词做了详尽的阐述：

> 同义词是在共时基础上同一语言系统中词义上有基本共通性的词。……同义词是以词的理性意义上有基本共同性为必要条件，或者理性意义、色彩意义、用法完全相同，或者理性意义相同或基本相同而色彩意义和用法有细微的差别。

反映观相比概念观有所进步，对同义词的界定也从最初简单地认为同义词是"意义相同的词"到把意义对应于具体的事物现象或概念，继而回归语言意义本身，这是对意义有了更深刻认识的结果。

5.1.1.5 以联想观为背景的同义词界定

刘宁生（1989）所持的观点与当时学界普遍流行的观点相比可谓独树一帜，某种程度上与当前认知语言学在语言研究中对语言使用者的重视相契合，值得分析。刘宁生对当时的同义词研究提出质疑，认为界定同义词是规定性研究，至少让人产生三点疑问：

> 第一，这样规定同义词用于什么目的？第二，如果有两套乃至更多的规定性标准，势必产生两套乃至更多的同义词系统。第三，至今没有谁用他自己设计的方法分析一种语言的全部或大部分同义词，以检验其有效性。

关于同义词的本质和存在方式，他提出了自己的观点：

> 词的同义关系本质上是由于词义的相同性所引起的一种联想关系……特定语言的同义关系联想的方式存在于一切说这种语言的人的大脑之中。……每个说话人头脑中都有一部潜在的"同义词典"以供使用，它以经验的形式存在，说话人对此缺乏自觉性。……属于个人的潜在同义词典只是大致相同，因为它决定于个人的语言经验。一方面，每个人词库中的词项数目不等，不使用或很少使用的词项就很难进入同义聚合关系。所以潜在的同义词典各自所收的同义词数量不等。另一方面，个人在语言实践中只接触到一个词的部分意义和用法的现象是屡见不鲜的。这就造成不同的人对同一个词可能有不同的经验，所以潜在的同义词典各自有不同的解释。

对于刘宁生的观点，我们赞同的是：1）人为规定同义词是什么，没有实用价值。语言研究应当采取对语言现象如实描写的态度。2）对语言使用者而言，同义关系是一种联想关系，每个语言使用者头脑中的心理同义词典不尽相同。

我们不赞同的有两点，一是认为界定同义词是规定性研究。照这样的思路，所有的下定义都成了规定性研究，但显然并非如此。对某种现象有了一定认识之后总结其特征并做出界定，以便将其与其它现象区别开来，这是人类认识世界的基本手段。界定不是规定，对同义词进行界定不是规定性研究。二是过于强调语言使用者头脑中的联想关系。对语言使用者而言，同义关系确实是"由于词义的相同性所引起的一种联想关系"，研究者当然可以研究。葛本仪（2003）就曾指出："社会上的人们由于年龄、职业、文化知识和生活背景等情况各不相同，所以在掌握词义的程度上也有很大的差异……事实上，人们都是以其对词义的掌握程度来划分词义类聚的，同时也是以此来认识同义词的，都是以自己对词义的认识为根据……每个人都可以对同义词或反义词等有自己的理解。"同义词词典有时也会考虑到实用性而收录一些语言学家并不认为同义但语言使用者分辨不清的词，如张志毅、张庆云（2005a：凡例）说："有时为了实用，选收了近于同义的易混词。"不过，语言研究者们更感兴趣的是在语言使用者头脑中引起这种联想关系的词义的相同性。语言使用者头脑中的同义联想关系不同，但词义相同性却是客观存在的，并不因为某一个语言使用者心理词库中没有甲词的同义词乙，甲和乙在语言中的同义关系就消失了。词义相同性才是语言研究更应关注的问题。

总之，联想观下的同义词界定强调从语言个体使用者的视角研究同义词，提升了语言使用者在同义词研究中的地位，但对词义的客观性及其在同义词研究中的根本性地位重视不够。

5.1.1.6 以多种意义观为背景的同义词界定

有些研究者在界定同义词时表现出了多样的意义观，其中以同时赞同指称观和概念观的居多。如，孙常叙（1956）从指称观出发界定同义词，但同书又说："有些同义词是同一概念的不同造词。"[①]常敬宇

[①] 准确地说，孙常叙（1956）使用较多的是"同一事物"或"同一对象"，如，"同一事物的不同命名，由于词素、方法结构以及其他一些来路上的不同，给同义词造成色彩和情调上的差异"；"这些标志同一对象的词（指来自不同方言的标志同一对象的词——笔者注），限于地区，不能互相代替"。孙常叙（1956）界定同义词表现出的意义观更倾向于指称观。

(1979)说"如果不是表达同一概念内具有细微差异的词，……那就不是同义词了"，但又认为"基本意义上有没有相同或相近的地方，是不是同一词类，是否指同一事物对象"等是鉴别同义词的主要依据。武占坤（1983：54-55）说同义词"指称同一事物、表达同一概念"。刘叔新（1990：280）说"确定不同的词语互有同义关系，依据的是它们指同样的事物对象，也就是说，不同的词语，只要各自的意义（当然是一个意义）所反映的对象的外延一致，就互为同义词语"。刘叔新、周荐（1992：27）又说同义指"意义反映同样的事物对象。语言词汇的同义单位，是在对事物对象的反映在外延一致的前提下，有大同小异的内涵"。伍铁平（1993：122-124）说"用不同的词指称相同或相近的事物，这些词的词义就有相同关系；有这样关系的一组词称为同义词。词义相同，指词义的概念内容相同"。

有的研究者界定同义词同时表现出概念观和反映观。如，张弓（1964）认为同义词的本质是"一组词中各词间（两个或更多的词）的基本意义核心意义相一致，而其补充的次要的意义附加的色采有细微的差异"，但同文又说同义词的作用在于"对同一概念的表现多样化"，同义词"一定表示同一概念的关系"。张清源（1994：前言2）说，"一组同义词除附加意义有差别外，其概念义即理性意义常常是核心部分相同，而边缘部分不同"。

以多种意义观为理论背景界定同义词，一方面反映出研究者对意义本质的认识模棱两可，另一方面也反映了研究者们对意义和同义词本质的探索过程。

5.1.1.7 同义词界定研究评论

同义词界定的不同观点纷繁缭乱，但作为其理论背景的意义观清晰可察。综观上述观点，反映观和以反映观为背景的同义词界定获得学界普遍认可。其他意义观均有明显的局限性，研究者们并不是没有意识到。关于概念观局限性的讨论尤其多，几乎所有试图说明"词义"是什么的论著都会涉及词义和概念的区别。如，孙常叙（1956：220-237）指出："概念反映对象的一般的和一般中的本质的特征。……词义反映了对象的最一般的和特殊的特征。……词义和概念一方面是一体，一方面还有些程度差别。"北京大学中国语言文学系语言学教研室（1959：63）指出："词义和概念有密切的联系，但又不等于概念。概念反映客观对象的一般特征和本质特征。……词义可能不是这样，它可能只反映某些重要的足以和别一类的对象区别开来的特征。"高名凯（1963：189-202）指出，"语义可能具有形象色彩、表情色彩、修辞色彩、风格色彩等，而概念则没有这种特点"。胡明扬等（1982：122）说"词义不等于概念"。刘叔新（1994：186）说，概念"深入地、全面地反映事物的本质属性"，词义"只以反映事物对象的区别性特点作为必要内容"。葛本仪（2001：134-135）认为，概念能"反映出客观对象的一般的和本质的全部特征的综合，以及这些特征的一切复杂的联系和关系。……词汇意义一般表示的往往都是一个不完全的概念"。王宁（2011）指出："词汇意义与逻辑概念不同，具有社会性、经验性、民族性、系统性等特性。"

有的研究者一边指出某种意义观的局限，一边甚至同书就采用这种意义观界定同义词。如，张静、蒋荫枬（1988：15-17）说"词并不就是事物本身，也并不同事物存在着密不可分的必然联系"，但又用指称观界定同义词。高文达、王立廷（1980：48-49）说"词义比概念要广""同一个概念可以用几个词的词义表达""一个概念可以用不同的词语来表达"，但用概念观界定同义词。张永言（1982：43-46）说"词义和概念一方面是一体，一方面还有些程度差别"，但界定同义词也以概念观为意义观。

既然认识到某些意义观的不合理之处，为什么仍用来界定同义词呢？我们认为，一方面，这和意义本身难以探知有关。"意义"到底是什么，至今仍无定论，有研究者倡议不要囿于意义本质的理论讨论，许威汉（1992：106）就说："不能在汉语词汇的研析中喋喋不休地纠缠于尚缺乏逻辑检验和实践检验的语义学说而强加牵合。"对于同义词界定，黄金贵（2002：44）提出只要遵守"义位同一"的基本原则，"无论作什么表述，均不必以是非论，可容并存"。在没有搞清意义是什么的情况下，要界定词义相同是什么，显非易事。指称观将词义对应于具体可见的对象，概念观将词义对应于较易确定的概念，使空灵的词义落到实处，为许多研究者采纳来界定同义词就不足为怪了。

另一方面，一种观点之出现并得到众多支持，定有其合理之处。指称观、概念观及以此为背景的同义词界定虽有种种不合理之处，但也有一定适用范围。物体词和客观世界的具体事物之间有对应性，判断这样的词语是否有同义关系大可依据其所指是否相同。如，可以通过观察"电线"和"电缆"二词的所指是否相同来判断它们是否同义。"电线"

指的一般是这样一种物体：外观上细长，有绝缘层，内部多由铜丝或铝丝组成，用来传输电，多架在空中或埋在墙壁内，有单股的或多股的。电缆一般指这样一种物体：外观上较粗，有绝缘层和保护层，用来传输电或电信号，多架在空中或埋在地下、水底，多股。二词指称的事物不同，可以断定并非同义词。① 再看概念观和以其为背景的同义词界定。张志毅（1965）指出"确定同义词时，用逻辑标准代替语言标准，用概念代替词义，是不对的。但是不能由此完全忽视同义词的逻辑基础。……词义和概念的同一性，决定了同义词的共同性必须以概念的逻辑关系为基础，决不能违反。作为同义词的逻辑基础，只有一种概念关系：内涵相同或大部分相同"。对于有概念义的词语来说，内涵相同或大部分相同是形成同义关系的必要条件，小部分内涵相同是无法形成同义关系的。

总之，对同义词界定的不同观点应采取辩证的态度，既要看到其缺欠，也不宜完全否定，应把握其适用范围并于其适用范围内加以使用。本书的研究对象是动词，处在以反映观为背景的同义词界定观点的适用范围内，因此本书采用了这种观点，将同义动词界定为理性意义完全相同或大部分相同，并且感性意义完全相同或大部分相同的动词。

5.1.2　同义词判定研究述评

5.1.2.1　同义词的判定方法

常见的同义词判定方法有"替换法"和"同形结合法"两种。"替换法"认为如果两个词语能够替换而基本不改变原句的意思就是同义词。如，孙常叙（1956：220-237）说"同义词是一些能够在同一个原句或意义相近的上下文里，可以彼此代替，表达同一对象，而感觉不到有什么意义上的差别的"。王理嘉、侯学超（1963）认为"词之间含义上的共同性和使用上的可替换性是确定同义词的两个共同的必要条件"。

有的研究者对替换法提出批评。周祖谟（1956）指出同义词在"同一文句里或意义相近的文句里固然有时可以互相代用而感觉不出有

---

① 所指对象相同不是判断指称具体事物的词语是否同义的充要条件，仅是必要条件。也就是说，有具体所指的词，如果对应不同事物、动作、性状，则不可能是同义词；如果对应同一事物、动作、性状，则有可能是同义词，但也有可能不是同义词。如，"狗"和"犬"二词的具体所指相同，但"狗"是现代汉语中的词语，"犬"是文言词，它们存在于不同时间的语言子系统中，并不构成同义关系。

显著的差别来,但是一般说来这种可能性往往受到一定的限制",举了"毁坏—破坏"同义却不能换用的例子;并且指出有些词"虽然有时可以互相代替来用,但不一定都是同义词",举了"收获—成就""工作—义务"可以替换却不同义的例子。张永言(1982:105)说"同义词的代替只是在一定范围内才是可能的……同义词在补充意义、风格特征和感情色彩上的区别都是使得同义词不能互换的原因。除此之外,词的搭配关系的不同也足以妨碍同义词的互相代替"。刘叔新、周荐(1992:27)说"认为同义词必须具有可替换性标志,并不符合语言事实"。孙良明(1958)、谢文庆(1985:13)、梅立崇(1988a)等都对替换法提出了批评。

在批评的浪潮下,有些研究者既看到了替换法的局限也看到了其合理之处。伍占崑(1956)说"同义词的存在,当然不是为了毫无区别的互相代用,不过可替换性也不能不算同义词的一个特征"。张志毅(1965)提出"不能因为有'局限性'而否认'可能性'。同义词的替换,是以保持基本意义不变、不产生明显区别为条件的。这个条件大体上符合同义词的性质,因而在这个条件下的替换,对判断是否是同义词,不失为一种有效的方法。……同义词的替换,是有条件的,这就说明这种替换的性质不是等价物之间的交换"。符淮青(2000)指出"在组合中分析同义词,'替换'试验是主要方法。不能把'替换'仅仅作为鉴定同义词是否同义的方法,而应把它作为进行多方面对比分析的方法"。

同形结合法是刘叔新、周荐(1992:39)提出的同义词判定方法,该方法给待定是否有同义关系的词语 A 和 B 加上同一词语 C,使之分别构成更大的语言单位 A+C 和 B+C,再判断 A+C 和 B+C 所指的事物对象是否一致。若 A+C=B+C,则 A=B;若 A+C≠B+C,则 A≠B。同时,两位研究者意识到此方法的局限,刘叔新、周荐(1992:43)说:"利用此法确定语言词汇中的同义单位,也主要是凭借人们的语感,带有一定的主观上的因素;没有丰富的语言实践经验的人,不大容易很好地运用这种方法确定同义词语。"池昌海(1999)认为同形结合法在两个方面是难以解决的:C 的选择条件是什么、C 的选择有无数量及规则上的制约。

"替换法"和"同形结合法"本质上都是对比待定词语所组构的更大语言单位,通过词语的使用判断词语的意义是否相同。它们都既有合理之处也都有局限性。合理之处在于,如果两个词语同义,它们与相同的其他语言片段所组构的更大语言单位大多也具有同义关系。通过词语的使用判断其意义是否相同本身是行得通的，因为词语的意义来源于人们对词语的使用。不合理之处在于，"替换法"和"同形结合法"观察的只是待定词语部分的使用环境，而非全部的使用环境，这种试图通过局部判断整体的方法必然会陷入有时奏效、有时不奏效的困境。

同义词的判定需要紧扣着同义词的界定。判定两个词语是不是同义词的重点和难点在于判断两个词语的理性意义是否完全相同或大部分相同。如果两个词语的理性意义完全相同或大部分相同，感性意义又不相反、相对，则可以判定它们是同义词。词语理性意义的分析方法常用的有历时溯源法、词素分析法、义素分析法、词典释义分析法、语境分析法等。它们的适用范围往往各有限制，而且相比用于同义词的判定，这些方法更多被用于同义词的辨析。同义词的研究中，对辨析角度、辨析方法等辨异的讨论较多，对判定方法等判同的研究较少。

5.1.2.2 同义词的判定测试

5.1.2.2.1 替换测试和判断测试

正如刘宁生（1989）所指出的那样，什么是同义词不能由语言学家规定，它存在于语言使用者的头脑中。那么同义词的标准能否通过对语言使用者的调查得到呢？刘宁生（1989）进行了两项测试，这两项测试所采用的方法代表了同义词调查的两种基本取向，我们以此为例分析同义词能否通过对语言使用者的调查获得。

第一项测试是替换测试，要求调查对象在一定时间内用一个意义最接近的词替换句中加点的词，给出的四个句子是：I、他打算明天去。II、这袋米大约50斤。III、这间房间很干净。IV、他姿势很好。实验结果是，不同的调查对象列出了不同的词语，但其中总有一个词被列出的次数最多。所得数据具体如下：

  I、准备45，计划27，想11，决定5，要1，将1，盘算1。

  II、大概59，差不多17，估计5，约摸3，大致2，约略2，估摸1，将近1，共约1。

  III、清洁43，整洁29，洁净9，清爽6，净洁2，漂亮1，明亮1。[①]

[①] 刘宁生（1989）原文"净洁"出现了两次，其后数字分别是9和2，此处当有笔误，根据"洁净"和"净洁"使用频率的高低，将9前面的"净洁"改为"洁净"。

Ⅳ、姿态 54，样子 24，动作 6，样式 2，架子 2，造型 1，架势 1，体态 1。

第二项测试是判断测试，给出 12 对词语，让调查对象判断它们是不是同义词，结果 9 对词语一半以上的调查对象认为不是同义词，只有 3 对词语一半以上的调查对象认为是同义词。所得数据具体如下（+代表肯定；-代表否定。加下画线的为调查对象倾向于赞同的同义词）：

① 名声—名望：+18；-73　② 改正—纠正：+37；-45
③ <u>漂亮—美丽</u>：+68；-23　④ 队伍—队列：+13；-78
⑤ 改善—改良：+42；-49　⑥ 规矩—规则：+11；-80
⑦ <u>恰当—妥当</u>：+51；-40　⑧ <u>限制—约束</u>：+64；-27
⑨ 古怪—奇怪：+11；-80　⑩ 传授—教育：+13；-74
⑪ 繁荣—兴隆：+38；-53　⑫ 战争—战役：+8；-83

刘宁生指出这两项测试的结果表明了三点：

1) 选用一个最合适的词来代替句中的词与判别两个词是否同义是两种性质不同的操作。2) 孤立地判别同义词要比在一定语境中进行同义替换困难得多。3) 直接依赖于语言经验的同义替换更能可靠地揭示人脑语言机制的秘密。

我们非常赞同刘宁生的上述三点结论，替换实验和判断实验确实不同，因为替换实验中的词语处于使用状态，而判断实验中的词语处于储存状态。

5.1.2.2.2 替换测试的缺陷

和判断测试相比，替换测试提供了刺激词的使用语境，比较接近调查对象的日常语言表达，但替换测试也有其缺陷。

1. 同义词的可替换性有限

并非所有的同义词都具有可替换性，同义词间的可替换性有限。单纯依靠可替换性来判断同义词是不可行的，这一点学界已有共识。

2. 测试语句只提供部分语境

词语在具体语境中展现出来的使用义是无限的，替换实验不可能给出词语的所有语境，难免会造成遗漏。

3. 和词义无关的词语知识影响调查对象的替换

Nation（2001）将词语知识分为 8 个方面：① 词语的语音形式，

②词语的文字形式，③词语的语法知识，④词语的搭配知识，⑤词语的频率，⑥词语的风格语域，⑦词语的概念意义，⑧词语和其他相关词语的联系，包括同义、近义、反义、类义、上下义、部分—整体关系等。各方面的词语知识相互关联而构成一个整体，每个方面的词语知识都无法独立存在，都会受到其他方面的词语知识的影响。

替换测试中，被试选择替换词时会考虑替换后句子本身是否通顺，会不自觉地选择和加点词意义相近且用法相同的词语，替换词的选择在很大程度上会受到和加点词词义无关的词语知识的影响。如"价"和"价格"是同义词，《现汉》"价❶：价格"，《现代汉语同义词词典》也收录了同义组"价格—价钱—价"，并举"价格"语例如下：

(5-1) 文艺复兴时期有好些精美的小提琴流传下来，<u>价格</u>很高。

(5-2) 工厂有权决定新产品的<u>价格</u>。

(5-3) 汽油<u>价格</u>平均提高百分之三十。

如果拿上面三个句子进行测试，可以想到很少会有调查对象把"价格"替换为单音词"价"，更可能替换为适应句子韵律要求的双音词"价钱"。据此调查得到的结果就成了"价钱"是"价格"的同义词而"价"不是，这显然有失偏颇。刘宁生的替换测试也得到一例非常有趣的结果，刺激词"大约"有1位调查对象给出了同义词"共约"，但"共约"是状中短语，不是词，这位调查对象显然受到了韵律的影响，而"大约"的同义词"约"却没有1位调查对象给出。

替换测试有难以克服的缺陷，单纯依靠替换测试无法得出所有类型的同义词。

5.1.2.2.3 判断测试的缺陷

语言学研究的同义词不是具体语境中词义临时相同的词语，而是储存义有稳定的同义关系的词语，但请语言使用者直接判断储存义是否相同并不可行，主要有以下几个原因。

1. 判断测试中调查对象的储存义很难被完全激活

储存义处于未被激活的休眠状态，调查对象看到或听到孤立的一些刺激词后在有限的时间内能够激活的储存义是有限的，基于部分被激活的储存义对词语间的同义关系进行判断，常会造成判断结果对于真实的同义关系的偏离。

2. 普通语言使用者对词义的认识往往是不全面的

即便判断实验给调查对象充足的时间使其充分激活刺激词在头脑中的储存义，而且虽然普通语言使用者可以在绝大多数语境中正确无误地使用，但他们其实很难对词语的意义形成全面而稳定的理性认识。D. A. Cruse（1986：11）说"we must therefore ask our informants questions that they can answer reliably and accurately"。对被试进行测试，要提出被试能给出准确答案的问题。判断测试中的被试对词义难有全面的理性认识，对词义之间的关系无法给出可靠的、准确无误的判断。

3. 判断测试诱导调查对象反向思考二词有无差异

当被直接问到两个词语意义是否相同时，多数调查对象都会反过来思考这两个词语意义上有无差异，而语言中的绝大多数同义词都有普通语言使用者能感知到的差别。这会使被试倾向给出"不是同义词"的否定判断，得出的结论大多是否定的。

4. 和词义无关的词语知识影响调查对象的判断

判断测试中可能影响被试对同义关系判断结果的词语知识有：①音节数目，即是双音词还是单音词；②是否同素及相同语素是否同位；③语法功能是否相同，如及物／不及物、名词性／动词性用法为主等。比如，同素词中的相异词素往往会成为词语意义有异的提示。刘宁生调查的12对词语中，8对是同素词，其中的6对调查对象倾向于认为不是同义词，即"名声—名望""改正—纠正""队伍—队列""改善—改良""古怪—奇怪""战争—战役"，但实际上它们的词义间的相同性很明显。由此可见和词义无关的因素对判断测试结果的影响。

再如，刺激词在其词义系统中的凸显性也会影响调查对象的判断。设想请调查对象判断"盼望"和"望"是否同义。大多调查对象看到或听到"望"最先想到的应是"向远处看"这个意义，而"望"的"盼望；希望"义在其词义系统中极不凸显，如果该义在调查对象头脑中没有被激活，就可能造成判断错误。

总之，判断测试得出的往往是同义关系非常近的同义词，如刘宁生测试中得到的三对同义词"漂亮—美丽""恰当—妥当""限制—约束"，意义都非常相近。判断测试有将同义词语判定为非同义词的倾向，无法得到语言使用者心目中所有类型的同义词。

5.1.2.2.4 调查无法获得同义词标准的原因

词语知识的测试方法很多，另外比较常见的还有完形填空、多项选择、翻译等，其中多项选择比较适用于测试同义词。用多项选择法测试同义词，可以给被试一个刺激词和一些待选词目，请被试从待选词目中选出一个或多个他们认为和刺激词同义的词语。但多项选择测试的也是词语的储存义，本质上是判断测试的一种，只是提供的判断对象数量增加了一些。

无论调查、测试的具体方法是什么，不外乎调查词语的储存义和使用义，但无论调查储存义还是使用义均难以获得语言使用者头脑中同义词的全部类型。除了判断测试和替换测试自身的缺陷外，根本原因是同义词并不是一个典型范畴。由本书第三章和第四章的分析可见，同义词间的同义度高低有别，同义词作为从词义的角度划分出的一种词语聚合体，内部并不是匀质的。

5.1.3 对同义词的看法

从整个词汇系统来看，词义相近性应是一个连续体。从同义词、近义词到非近义词，词义相近程度逐渐降低。同义词是词义相近连续体上的一部分，在对所有的同义词和同义度等级有彻底研究之前，恐难在这个连续体上精确切分出同义词的部分。但结合同义词研究的应用目的来看，同义词的精确界定或许并非首要解决的问题。

同义词研究的目的是什么？周祖谟（1956）说研究同义词的积极意义在于"如何从许多意义相似的同义词中辨别出它们彼此不同之点，以便在应用上能够选用恰当的词正确地表达出自己的思想情感"。黄伯荣、廖序东（1997上册：286–288）说同义词可以使"语言的表达精确、严密""语体风格鲜明""文句生动活泼，富于变化""语气委婉"。总的来说，同义词研究的目的是为了辨清其异以便正确、恰当地使用它们。既然同义词标准如此难以获得，不如直接跳过同义词的界定，更多地从词义相近性的角度思考问题，将主要精力放在如何辨异这样实用价值较高的问题上。同义词词典编纂、语文教学都是实现这个目的的具体手段。同义词词典与其收录研究者们所界定的同义词、语文教学与其讲授教师们所认定的同义词，莫如转换视角，从语言使用者的角度出发，观察哪些词语语言使用者分辨不清而误用。这种转换，从纠缠不清的同义词界定和判定的理论研究转换到具有实用价值的同义词辨析，从关注同义词之同转换到关注同义词之异。

5.2 为单一释词对释式的使用提供参考

5.2.1 词语释义研究述评

5.2.1.1 释义的基本原则

关于词典释义需要遵守的基本原则，研究者们从不同角度发表了观点。Zgusta（1971/1983）分别从释文的可查性、难度及被释词与释词的词性关系阐述了释义原则：释义中出现的任何词汇都应该在词典中得到释义；被释义词及其派生词、复合词都不应出现在释文中，除非这些词在词典的其他地方已经释义；词典释义的释文中不应包含比释义语词更难理解的词汇；释文应和被释义词汇的词类一致。程荣（1996）强调了释义的规范性原则，释义"要用规范的现代汉语，例句既要典型，又要符合现代汉语的规范标准"。苏宝荣（2000：119-147）认为语文辞书释义的基本原则有"概括性""准确性"和"系统性"。黄建华（2001：84）说释义要"避免循环互训""紧扣词目进行释义""释文中所使用的每个词一般都应在本词典中能找到其释义""尽量做到以易释难，以简释繁，以通用释冷僻"。雍和明（2003：154-158）说释义的基本原则有"科学性""简明性""全释性""周密性"和"规范性"。韩敬体（2004）认为《现汉》释义的一般原则有"客观正确""释文完备""概括""确切、严密""系统性""规范""简明"和"通俗易懂"。Sidney I. Landau（2001/2005：170-177）说要"避免循环释义""给词目词释义而不只是谈论其相关知识或用法""给释文中出现的每个词释义"。祝注先（2006a）认为释文所指范围和词义所包容的对象应一致，其所显示的词性应与被释对象相同，释文要排除不属于被释对象的意义，要用现代汉语表达。

章宜华、雍和明（2007：228-236）吸收当代词典学的新成果，提出了释义的八个原则：① 客观原则，即反映客观现实、反映社会现实、反映真实语义；② 多维原则，即要多层面、多角度、多方位地揭示语义属性；③ 简化原则；④ 闭环原则；⑤ 范畴原则，指把释义建立在原型范畴的基础上，用原型的释义模式表达意义特征；⑥ 整体原则，指释义必须考虑释词所处的整体范畴或框架，反映语词范畴特征之间的系统联系；⑦针对原则，指释义要针对不同类型的词典凸显相应的概念特征；⑧替换原则。

单一释词对释应尽量遵守上述基本原则，其中有些原则，如"词性一致""词义等值""释词的可查"等对单一释词对释而言格外重要。

5.2.1.2 释义方式的基本类型

关于释义方式的分类，胡明扬等（1982：132-137）将释义方式分为对释式和定义式，其中对释式包括"同义词对释""词语交叉对释""限制性对释""反义对释"四种①。汪耀楠、祝注先（1982）认为释义方式概言之不外乎"对译"和"解说"两种，"对译"即"语词式"，"解说"则包括"说明式""描述式""下定义式"等。张在德（1983）说语文词典的释义方式可分为"语词对释""定义""描写和说明""图表"和"综合"五类。陈炳迢（1991：158-162）列举的释义方式有"同义词、反义词注释""语素分解""比喻引申""描写、说明""探源"和"下定义"六种。符淮青（1992）将释义方式分为：①相等相近，指以一词释另一词，被释词和释词意义相等或相近；②归类限定，指"种差+类"的释义方式；③说明描写；④否定对立。赵振铎（1998：117-221）将释义方式分为"词语式""描写与说明""定义式"和"譬况"四种。苏宝荣（2000：125-132）说现代语文辞书常用的释义方式有"用同义词解释词义""下定义"和"描写、说明或比喻"。黄建华（2001：109-113）将实词的释义方式分为实质性释义和关联性释义，实质性释义又分为"解说式""定义式""同义对释"和"反义对释"四类，关联性释义又分为"只释前词根""只释后词根""前后词根同时释"和"撇开词缀不释"四类。李尔钢（2002：70）认为所有释义形式均可视为定义式的类属方式，并分为完全型、省略型和附加型三种。②祝注先（2006b）说释义方式有"同训式""说明描写式"和"定义式"，其中"同训式"包括"训词连用""括注限制"和"词素扩展"。

---

① "词语交叉对释"指用两个或两个以上的词来注释，利用词义交叉来补充或限制词义范围，如，【悲悯】 动 哀怜；怜悯。"限制性对释"是用限制语限制同义释词的词义范围，如，【报章】 名 报纸（总称），"总称"限制"报纸"的词义范围，使之和被释词"报章"对应。

② 省略型又分为属词省略、种差省略和全省略三类；附加型即附设语境式。

有的研究者讨论了适用于某类词的释义方式。如，刘叔新（1979）阐述了词性和释义的关系。黄建华（2001：113－115）认为动词释义可分为"可代换性释义"和"不可代换性释义"两种。① 符淮青（2002）提炼了指号义的释义公式"同义、近义词＋词类＋表示（……意义、作用）＋分布特点（后一般接例句）"。

有的研究者专门总结了优秀的语文词典使用的释义方式。如，刘庆隆（2004）将《现汉》的注释形式总括为"互训""拆字""定义或说明"和"括注"四种。陈霞村（2004）将《现汉》释义方式总结为"定义式""描述式""譬况式""溯源式""同义词""反义词加否定""比喻、借代" 7种主要方法和"括注""标注""举例""图表" 4种辅助方法。

有的研究者探讨了训诂方式对词典释义的效用和启发。如，王力（1945/1990）指出《说文》使用了五种合理的释义方式："天然定义"② "属中求别""由反知正""描写"和"譬况"。王宁（2002）指出"显现言语具体性和经验性的文意注释"和"单训"不宜用于词典释义，而"古代训诂的标准词义训释方式——义界"适用于词典释义。

有的研究者介绍了国外当代词典学释义方式的研究成果。如，雍和明（2003：151）借鉴国外词典学家的观点，将词典释义分为"所指释义""同义释义"和"程式释义"三种基本类型，"所指释义"（referential definition）指表述词项的属类特征和一事物或概念区别于另一事物或概念的区别特征；"程式释义"（formulaic definition）指词项可采用一种相对固定的程式进行释义，如英语词典释文中使用 of，relating to 等程式性语言和汉语词典释文中使用"指""比喻""表示"等程式性语言来释义。章宜华、雍和明（2007：241－261）借鉴国外研究者观点，总括了十种释义方法：①规定性释义，指"在调查研究和深思熟虑的基础上为被释词制定一个意义，一般适用于由新发现或新发明而产生的新语词或新术语"。②精确性释义，指"用来为那些概念意义比较模糊的词提供一些语义限定，以降低其模糊度、消除其中难以确定的语义

---

① "可代换性释义"又分为简释法（包括同义词语对释、反义对释、组合对释）和详释法（包括加限制成分对释、反义对释、组合对释），其中"反义对释"和"组合对释"是简释法和详释法都有的类型。

② 表示数目、度量衡和亲属名称等的词语属于有天然定义的词语。

成分",如把 poor 解释为 living below the poverty line with a family income less than ＄5000 a year。③说服性释义,指"以劝说的方式,使用情感语言对一些有争议或有误导概念的语词进行解释,旨在影响读者对相关问题的态度和感受,引导他们正确理解被释义词的含义,并按释义的精神调整相关认识或行为",如《现汉》"资本家"释为"占有资本,剥削工人的剩余劳动获取剩余价值的人"。④理论性释义,指"对词项所指称的实体进行科学的理论描述",如《现汉》"生态系统"释为"生物群落中的各种生物之间,以及生物和周围环境之间相互作用构成的整个体系"。⑤操作性释义,指"研究人员通过对某一状态或事件的一系列观察、认识和识别,按衡量和判定这个状态或事件主要属性的操作程序来为其概念定义",如《现汉》"睡眠"释为"抑制过程在大脑皮质中逐渐扩散并达到大脑皮质下部各中枢的生理现象"。⑥内涵性释义,指"通过描述语词指称物,即被释义词指称对象所拥有的特征集来解释语词含义的释义方法",如《现汉》"乱码"释为"计算机或通信系统中因出现某种错误而造成的内容、次序等混乱的编码或不能识别的字符"。⑦外延性释义,指"通过列举词项的所指对象或某一概念范畴内的典型个体来表述语词的意义",如《现汉》"行星"释为"……太阳系有九大行星,按离太阳由近而远的次序,依次是水星、金星、地球、火星、木星、土星、天王星、海王星和冥王星。还有许多小行星"。⑧指物性释义,"借助人们所熟悉的某些相关事物的外部属性来阐述语词意义的释义方法",如《现汉》"水"的释语中有"……无色、无味、无臭的液体"。⑨词汇性释义,指解释一个语言社团对语词的共同认知意义和使用方法,与"百科性释义"相对,只注重解释语词的语言属性和使用规则。⑩功能性释义,是"说明被释义词在语言中的各种潜在分布特征及功能作用的释义方式",广泛用于功能词的释义,包括连词、介词、冠词、助动词及一些功能副词等。

  词典释义方式的分类研究很重要,它有助于词典编纂者主动地选择适宜的释义方式,但更重要的是研究每种释义方式的适用范围和对象,研究不同类型的词语适用的释义方式,在词语类别和释义方式之间建立对应关系。

5.2.1.3 语词对释

  单一释词对释属语词式释义、同义词对释,是词典释义的一种基本方式。研究者们讨论较多的是其局限性。赵振铎（2001：139）说，"单纯地使用语词式往往很难准确地把意义表达清楚。因此大多数情况下使用语词式的时候总要加上一些补充说明的词语，或者规定它们的范围，或者说明它们的用法"。程荣（2001）指出，"过多地使用词语注释法带来的弊端有：在注释上同义关系与非同义关系界限不清；从注释上不易辨明近义关系和等义关系；连锁式词语注释引发循环性释义"；词语注释增加了无条终端词的可现率；从注释上难以分辨语素与单音词。王宁（2002）指出，"选择同义词来对译，由于同义词之间必然具有的差异，因此必定是不够准确的"。可见，研究者们对语词对释大都抱持否定或改良的态度。

尽管语词对释存在一些缺陷，但它确有节省篇幅和避免重复的作用。韩敬体（1981）说它"简短精炼，节省篇幅，也便于读者对有关的同义词语进行联系理解"。刘庆隆（2004）认为它"简单明白，直截了当，用得合适，不会影响词典的质量"。王宁（2008）指出，"在吕叔湘亲自拟定的《编写细则》①中，首先提出了即使是单语词典也不可避免以同义词作注的重要说明"。

目前的语文词典中仍有不少词语使用语词对释。在可预见的一段时间内，这种释义方式在纸制语文词典中也不会消失。即便随着科技的发展，词典能突破篇幅限制不使用语词对释了，日常生活中的释义也不可能完全离开它。很多研究者看到语词对释的必要性并对其加以研究。

关于语词对释的原则和注意事项，韩敬体（1981）指出三条：①做注释用的词语一般选用单义的，如是个多义的，也是取它的基本义给同义词语作注；②通常选取合成词详注，用合成词给单音词或词素作注；③如果单音词更为习见易懂，还是要在单音词下详注，用单音词注合成词语。陈炳迢（1991：159）指出用同/反义词注释时应注意：①在语义一致的情况下，应兼顾词在附加内容和感情色彩等方面的同一性；②避免辗转互训；③为避免歧解，应尽力避免以义域宽泛的词特别是单音词作释语，必要时应加以限制或作进一步解释，以求双方等值；④至少应该避免使用那些词义抽象含混的同义词作注。苏宝荣（2000：125 - 127）说语词对释一般"以常用词释生僻词、以易释难、以今释古、以普通话

---

① 即吕叔湘（1958）《现代汉语词典》编写细则（修订稿），见《〈现代汉语词典〉五十年》，中国社会科学院语言研究所词典编辑室编，北京：商务印书馆，2004：79 - 136。

释方言",实为词典释义的基本原则。刘庆隆(2004)说使用互训要注意两种情况:"一、用作互训注释的词语,本身要有说明或定义形式的注释,避免相互间的互训(即'甲,乙也,乙,甲也')。二、用作互训注释的词语应该是大家都熟悉的,一般都理解而不会发生歧义的。"

关于语词对释中的释词与其被释词的关系,符淮青(1992)分为"以今语释古语""以普通话释方言"和"以本族语释外来词"三种类型。Benson 和 Ilson(转引自雍和明,2003:152)做了细分:①对等语(equivalents);②历时同义词(historical synonyms),即用过时陈旧的同义词释现代的同义词或反之;③不同语体的同义词(synonyms belonging to different varieties);④方言同义词(dialect / regional synonyms);⑤文体/语域同义词(synonyms belonging to different styles or registers);⑥外语对等词(foreign language equivalents)。这个分类对汉语词典的单一释词在一定程度上也是适用的。

目前未见有对单一释词对释精准性的讨论,应从这个角度对单一释词对释加以研究。

5.2.2 同义度等级与单一释词对释式的使用

5.2.2.1 单一释词对释式的使用限制

关于单一释词对释式的使用限制,一些长期从事《现汉》编纂和修订工作的专家研究者提出了非常有指导意义的意见。韩敬体(1981)指出:

> 一些同义词语间的细微差别用定义也是难于表达的。如果硬要做出别扭费解的定义,好像很科学严密了,实际上并不符合读者的实用。……如果能很好地用定义或说明、描写式详注解决同义词语问题当然很好,如果这种详注难以做出或挖空心思做了出来却使人费解,倒应该考虑采用同义词语作注的传统办法。

也就是说,两个词语意义非常相近,差异细微到详注也无法显示出来的程度,可用一词对释另一词。刘庆隆(2004)说"一组词语,意义相近,注释不能表示出彼此的差别的,《现汉》采取了互训的办法"。祝注先(2006b)也认为"释词与被释词的同义关系比较对应"时才适宜用语词对释。因此,如果能判定同义词间的意义非常相近,再依据释义和语词对释的基本原则,就能在同义词群中确定出哪个当为释词,哪个当为被释词,详注释词后再用释词解释被释词,即可完成相关词语的释义。

至于如何断定同义词间的意义非常相近，我们期望有可以利用的外显线索。有研究者从词语结构来观察被释词和释词间的关系。陶原珂（2004：146）阐述的几类释义方式和语词对释相关：① "同根异偏式"，即因 "有共同词根而构成相关联系的释义"，可分为 "根词释义"（如 "汗液：汗"）和 "同根词释义"（如 "好笑：可笑"）；② "异根同偏式"，指释词与被释词的偏位词素相同，正位词素不同，如 "好心：好意"；③ "构成性语素相关释义"，指释词是被释词充当语素的双音词的情况，即以双音词释同素的单音词，如 "停¹❶：停止" "念¹❶：想念"。但从本书前面几章对同义词的大量分析可见，同义词的结构与其意义相近程度并无必然联系，难以借助外显的因素判断同义度，只能从词义分析入手。本书的研究成果可为单一释词对释式的使用提供参考。

5.2.2.2　高度义近的同义词和单一释词对释

高度义近词，仅感性意义或用法有异，词语的理性意义没有差别或差别很小，详注无法显示其间差异，语文词典可以采取单一释词对释的方式，也应当首选单一释词对释式。

理性意义无异、语体色彩差异显著的同义词，可以通过〈口〉或〈书〉的标注表明语体色彩间的显著差异，高水平的语文词典大都是这样做的。①理性意义无异、FE 例显比重差异显著的同义词，可以通过配例表明词语用法上的特点。如 "闲话—闲谈" 高度义近，但 "闲话" 的用例大多例显话题，"闲谈" 较少例显。词典在用 "闲谈" 注释 "闲话" 后，最好给 "闲话" 配上例显话题的用例，以展示 "闲话" 的典型用法。

对于有比喻用法的词语，也要密切关注是否会发展出独立的比喻义。

理性意义高度相近、感性意义或用法略有差异的同义词，由于其差异只是用法上的一些倾向性，语文词典不必指出。理性意义无异、感性

---

① 程荣（2001）对辞书中单音词和单音语素与同义复音词的注释存在的问题提出了改进建议，第二条为 "用补充意义范围或语文语境等方式弥补同义对释法的不足"，具体包括：在扩注里补充区别性特征；在配例里显现用法和搭配上的区别；加注〈口〉〈文〉〈褒〉〈贬〉等简明标志。本节所述的单一释词对释式的改进方法基本和这三种方法重合，另外还包括放弃单一释词对释、改换详注的方法。

意义和用法几无差异的同义词，可以直接用一词释另一词。

总之，对于高度义近词，语文词典应当采用同义词对释的方式，但同时可通过标注或配例展示被释词和释词语体色彩或用法上较显著的差异。

5.2.2.3 中度义近的同义词和单一释词对释

中度义近的同义词差异不显著，但如果要显示这种差异，往往要使用很多说明性的语言，释义就不是释义而是词语辨析了。如"殒命—丧命"的 FE "逝者" 都可以是任何个体或群体，语义类范围相同，但"殒命"的 FE "逝者" 以具有一定地位或英勇的人居多，二词间的这个差异不可能在语文词典的释义中予以展示。因此，鉴于语文词典的性质，中度义近的同义词也可以采用同义词对释的方式。

5.2.2.4 低度义近的同义词和单一释词对释

低度义近词间的差异较大，一般不宜采用同义词对释的方式，但也要具体情况具体分析。

对于某 FE 语义范围小于释词且语义类型简明的被释词，可以加括注或其他释词限制原有释词的意义范围，使它和被释词意义范围相同。如"存蓄❶—储存"，"存蓄"的 FE "储存物" 仅限于"水"和"能量"，小于"储存"的 FE "储存物" 的语义范围，"存蓄" 可释为"储存（水或能量）"。又如"损伤❷—损失❶"，"损伤"的 FE "主体" 一般是军队、部队，FE "损失项" 仅限于战斗中损失的人或畜，两个 FE 的语义类范围均小于"损失"，用"损失"对释不妥。"损伤"的释义可修订为"损失（人力、畜力等），多用于军队"。

对于 FE 语义范围所包含的语义类型不够简明的被释词、FE 语义特征范围、FE 语义量域范围等与其释词有异的被释词，则不一定需要改换释义方式。如"戏耍❶—戏弄"，"戏耍"的核心 FE "戏弄项" 仅见人，FE "被戏弄项" 仅见人或动物，未见其他。FE "戏弄项" 和"被戏弄项"的语义类型不具体，如果增加括注和其他释词将"戏耍"释为"戏弄（人或动物）"，反倒令词典使用者费解。这时，也应当使用同义词对释。

对于某 FE 从不在句中例显的被释词，可在原来释文的基础上加注该 FE 对应的词义部分。如"返回—返程"，"返程"的 FE "终点" 从不在句中例显。参照"返回"的释语"回；回到（原来的地方）"，

"返程"可释为"回到原来的地方",以"原来的地方"示其 FE"终点"。

由于文化义的有无造成和释词低度义近的被释词,宜适当阐述其文化义。如"物故、物化—死",两个被释词表示"死"源于道教。道家的生死观具有朴素的唯物主义倾向,认为生死没有绝对的界限,否认人和世界万事万物的绝对差别,正如《庄子·刻意》所说:"圣人之生也天行,其死也物化。"李善注:"化,谓变化而死也。不忍斥言其死,故言随物而化也。""物故""物化"表示"去世"包含了人作为大自然的组成部分最终回归大自然的观念。对于这样的词,词典以同时释其文化义为妥。

如果释词的释文更通俗、常用,还可在释词的释文上加括注来注释被释词。如"扬弃❷—抛弃","扬弃"的核心 FE"被弃项"仅见不好的观念、做法等,参照"抛弃"的"扔掉不要","扬弃"可释为"扔掉(不好的观念、做法等)"。

总之,单一释词对释式的使用和同义词意义相近的程度密切相关。高度义近词应当采用同义词对释的方式。中度义近词间虽有差异,但鉴于语文词典的性质,可以采用同义词对释的方式。低度义近词不宜采用同义词对释的方式,但语义类型不够明确、具体或较繁杂的词语,也可以使用同义词对释。同义度等级为单一动词释义方式的使用提供了参照。

附 录 研究词目详表及所处章节

组序号及释词	词对序号	被释词	文中章节/备注①
1 储存	1	存储	3.2.1.2.1
	2	存蓄❶	3.2.1.1.1
	3	贮存	3.2.1.1.3
2 雕刻❶	4	雕镌	3.1.1
	5	镌刻	4.1.5
	6	镂刻❶	2.1.2；4.1.1.3
3 返回	7	返程❷	3.2.2.1
	8	折返	4.1.7
	9	折回	4.1.7
4 回想	10	浮想❷	0 例②
	11	回忆	3.1.4
	12	忆想	3.2.1.2.1
5 假装	13	伪装❶	3.2.1.1.2
	14	佯装	4.3.2.1.1
	15	装扮❸	4.1.1.1

---

① 有些词语在研究词目范围内，但由于语例过少无法探知词语意义和用法或者由于对《现汉》设立的义项有疑，本书没有对其进行分析。"备注"说明了不作分析的原因。

② "浮想"是多义词，除"回想"义外，另有名词义位"头脑里涌现的感想"，如"～联翩"。在 219 条语料中，193 例的"浮想"用如"浮想联翩"或"联翩浮想"，其余 16 条语例大部分也非"回想"义，例如：

(1) 她能摆脱这黑暗的尘世，走向清明的彼岸吗？这就给人一种<u>浮想</u>。
(2) 冰心先生爱<u>浮想</u>，自称之为"昼梦"，白日做梦。
(3) 看到"南京人"沉睡了千万年终于醒来走世界的现场合影时不禁<u>浮想</u>到：他会向人们诉说什么呢？（语料库中检索到的是残句，句首"看到"为笔者所加。）

有些"<u>浮想</u>"虽和表示"过去的事"的短语共现，但用法存疑，或当为"浮现"：

(4) 她没有了睡意，这几天里的事在脑中<u>浮想</u>开来。

未见意义确凿为"回想"的"浮想"用例。

续表

组序号及释词	词对序号	被释词	文中章节/备注
6 赔本	16	赔钱❶	3.3.1.3
	17	折本	4.3.2.1.1
	18	蚀本	4.3.2.1.1
7 起锚	19	拔锚	4.3.3
	20	启碇	4.3.2.4
	21	起碇	2.5.1.2
8 轻视	22	看不起	4.1.4
	23	看轻	4.3.2.1.1
	24	小看	4.3.2.1.1
9 扰乱	25	打搅❶	4.1.4
	26	搅和❷	4.1.5
	27	淆乱❷	4.1.1.1
10 衰落	28	凋零❷	3.2.1.1.1
	29	衰败	3.2.1.1.1
	30	萎落❷	3.2.1.1.1
11 顺从	31	依从	2.1.2；3.1.2.2.2
	32	依顺	3.2.1.2.2
	33	依随	2.1.2；3.1.2.2.2
12 思量	34	忖量❷	4.3.1.1
	35	思忖	4.3.1.1
	36	思想❸	4.3.1.1
13 损失❶	37	伤耗❷	1 例 ①
	38	损伤❷	4.1.1.1
	39	折损	3.1.2.2.1
14 疼爱	40	爱怜	4.2.2
	41	怜爱	4.2.3
	42	心疼❶	4.1.1.2
15 跳跃	43	蹦高	2.4.5.1
	44	蹦跳	4.1.1.1
	45	踊跃❶	2.4.5.1
16 戏弄	46	耍弄❷	4.1.1.2
	47	玩弄❷	4.1.1.2
	48	戏耍❶	4.1.1.1

① 目标语料范围内，仅检索到"伤耗❷"1条用例：这一冻，避免了多穿衣服产生的身热汗出，汗液蒸发，阴津<u>伤耗</u>，阳气外泄，顺应了秋天阴精内蓄、阳气内收的养生需要。

续表

组序号及释词	词对序号	被释词	文中章节/备注
17 休息	49	安歇❷	3.2.1.1.3
	50	歇息❶	4.3.2.1.1
	51	休憩	4.3.2.1.1
18 隐藏	52	埋藏❷	3.1.1; 4.1.4
	53	潜藏	3.1.5
	54	掩藏	3.2.1.1.3
19 照料	55	招呼❹	0 例
	56	照顾❷	4.1.1.1
	57	照应	4.1.1.2
20 诊脉	58	按脉	4.3.3
	59	把脉❶	4.3.3
	60	号脉	4.3.3
21 争吵	61	吵嘴	4.1.8
	62	斗嘴❶	4.1.8
	63	口角	4.1.8
22 自杀	64	自尽	3.2.2.2
	65	自决❷	0 例
	66	自戕	3.1.2.2.2
23 包含	67	包孕	3.1.2.1
	68	包蕴	3.1.2.1
	69	含蓄(涵蓄)❶	3.1.2.1
	70	蕴含	3.1.2.1
24 处罚	71	惩办	4.1.5
	72	惩处	4.1.1.3
	73	惩罚	4.1.1.3
	74	责罚	4.1.5
25 打猎	75	射猎	3.2.1.1.1
	76	狩猎	4.2.1
	77	田猎	4.3.1.1
	78	行猎	4.3.1.1
26 带路	79	领道	3.3.2
	80	领路	4.3.2.4
	81	向导❶	0 例
	82	引路	3.1.2.2.2

续表

组序号及释词	词对序号	被释词	文中章节/备注
27 估计	83	掂掇❷	0 例
	84	估量	4.1.3
	85	估摸	3.2.1.2.3
	86	算计❸	5 例
28 挂念	87	牵挂	2.4.5.1
	88	牵念	4.3.2.1.1
	89	系念	4.3.1.1
	90	悬念❶	2.5.1.2
29 交界	91	搭界❶	2.4.5.1；4.1.1.1
	92	接界	2.4.5.1；3.2.1.1.3
	93	接境	2.4.5.1；4.1.1.3
	94	接壤	2.4.5.1；4.1.1.3
30 聚集	95	凑合❶	3.2.2.3
	96	汇集	3.2.2.2
	97	聚拢	3.2.2.3
	98	萃聚	3.2.2.2
31 丧命	99	丧身	4.1.1.1
	100	丧生	4.3.2.3
	101	陨灭❷	4.1.1.1
	102	殒命	3.2.1.2.2
32 拖延	103	耽搁(担搁)❷	义项难定①
	104	迁延	3.1.2.2.1
	105	拖宕	2 例
	106	延宕	3.1.2.2.1

---

① 《现汉》将"耽搁"释为：

【耽搁】 动❶停留：因为有些事情没办完，在上海多~了三天。❷拖延：~时间｜事情再忙也不要~治病。❸耽误：庸医误诊，把病给~了。（【耽误】因拖延或错过时机而误事：快走吧，别~了看电影｜手续烦琐，实在~时间。）

"耽搁❷"指"拖长（时间）"或"拖着不做某事"，"耽搁❸"指"因为拖着不做而误事"，区别只在是否误事。但在具体用例中，是否误事，有时难以做出准确判断。下面语例中的"耽搁"换成"拖延"和"耽误"均可：

(1) 孩子上学不能耽搁，能掏多少就掏多少。
(2) 这些工作都在他一手安排下有条不紊地进行，一分钟也没有耽搁。
(3) 最后还有16位渝籍外来务工人员因工程耽搁了回家行程。——中工网
(4) 耽搁了好一会，民警才同报案人一起走出派出所。

因难以确定语例中"耽搁"的义项，暂不对"耽搁"的意义和用法进行分析。

续表

组序号及释词	词对序号	被释词	文中章节/备注
33 忘记❶	107	忘掉	4.1.6
	108	忘怀	4.1.3
	109	忘却	4.1.6
	110	遗忘	4.1.2.1
34 寻找	111	寻觅	4.1.2.1
	112	寻摸	3.1.2.2.2
	113	寻索❶	义项难定①
	114	找寻	4.3.2.1.1
35 依靠	115	凭借	4.1.2.2
	116	依傍	4.1.4
	117	依凭	3.1.2.2.2
	118	依托	4.1.1.1
36 直立	119	笔立	3.2.1.1.2
	120	鹄立	4.1.2.1
	121	挺立	4.1.2.1
	122	兀立	3.2.1.2.3

① 《现汉》将"寻索"释为：

【寻索】 动❶寻找：~他的踪迹。❷寻求探索：~答案。

"寻索"的两个义项在具体用例中，有时难以做出准确区分。例如：

(1) 她甚至觉得几年来苦苦寻索的东西终于魔幻般出现了。

(2) 在书中，作者对行业神寻索渊源来历考察描述现状。

(3) 沃克一改过去注重战争、民族的命运以及人的不可战胜的意志的主题而转向寻索一种认同，即家庭与信仰。

另外，语料库中检索出的"寻索"的很多语例不宜取❶❷二义。例如：

(4) 俄罗斯一些具有人文精神和深切情怀的作家也不断地对这段历史及其酿造的悲剧进行深刻的反思、独立寻索。

(5) 其形象描述，越发令人寻索"文景之治"的为政之道——政者，治也。——求是理论网

这两例的"寻索"释为"追寻思索"比取"寻索"❶或❷更恰当，《汉语大词典》（罗竹风，1990）的"寻索"就设立有"追寻思索"的义项。再例如：

(6) 如能将人名和书名的外文写法直接附在文中第一次出现时的中文后面，以免读者寻索之劳，那将更好。

(7) 假如说前一短语或许还能在某部大词典中寻索，请问后一句话又能从哪部工具书中找到？

这两例的"寻索"释为"寻找检索"更为恰当。总之，"寻索"义项划分略有不妥、义项设立不全，语料库中共检索出"寻索"语例21条，数量不多，我们暂不自行划分、设立"寻索"的义位。

续表

组序号及释词	词对序号	被释词	文中章节/备注
37 抛弃	123	摈弃	4.1.3
	124	丢掉❷	义项难定①
	125	捐弃	4.1.3
	126	扬弃❷	4.1.3
	127	遗弃❶	4.1.1.2
38 停止	128	打住	3.1.3
	129	停息	3.3.2
	130	息止	4.1.4
	131	休止	3.1.2.2.1
	132	止息	3.1.2.2.1
39 挑拨	133	搬弄❸	3.1.4
	134	拨弄❸	3.1.4
	135	播弄❷	3.1.4
	136	簸弄❷	3.1.4
	137	调拨	3.1.4
	138	挑弄❶	3.1.4
40 闲谈	139	拉扯❻	4.3.1.1
	140	说话❷	3.2.2.1
	141	谈天	3.2.2.1
	142	闲扯	4.3.2.2
	143	闲话❸	4.3.1.2
	144	闲聊	4.3.2.1.2
41 去世	145	辞世	4.1.2.1
	146	故世	4.1.2.1
	147	过世	4.1.2.1
	148	物故	3.3.2
	149	物化	3.3.2
	150	下世	4.1.2.1

---

① 《现汉》将"丢掉"释为：

【丢掉】动❶遗失：不小心把钥匙~了◇~饭碗（失业）。❷抛弃：~幻想。

二义差别在于是被动的遗失，还是主动的抛弃。但不少用例，两种解释均可。例如：

(1) 享有盛名的伯乐在金钱的诱惑下，<u>丢掉</u>了相马的起码准则，丧失了应有的"职业道德"，终遭众人谴责。

(2) 我们曾经因为技术的和人为的因素<u>丢掉</u>了太多太多的东西。

(3) 有的人似乎<u>丢掉</u>了做一个中国人应有的自豪感。

(4) 不能<u>丢掉</u>自己的"根"。

参考文献

专著

D. A. Cruse（1986）*Lexical Semantics*. Cambridge University Press.

Evelyn Hatch, Cheryl Brown（2001）*Vocabulary, Semantics and Language Education*. 外语教学与研究出版社，北京。

Geoffrey Leech（1974）*Semantics：The Study of Meaning*. 中译本：《语义学》，李瑞华等译，1987，上海外语教育出版社，上海。

I. S. P. Nation（2001）*Learning Vocabulary in Another Language*. Cambridge University Press.

John I. Saeed（2000）*Semantics*. 外语教学与研究出版社，北京。

John Lyons（2000）*Linguistic Semantics：An Introduction*. 外语教学与研究出版社，北京。

Josef Ruppenhofer, et al.（2010）*FrameNet II：Extended Theory and Practice*. 网址 http://framenet.icsi.berkeley.edu/book/book.pdf.

Ladislar Zgusta（1971）*Manual of Lexicography*. 中译本：《词典学概论》，林书武等译，1983，商务印书馆，北京。

Sidney I. Landau（2001）*Dictionaries：The Art and Craft of Lexicography*. 中译本：《词典编纂的艺术与技巧》（第二版），章宜华等译，2005，商务印书馆，北京。

北京大学中国语言文学系语言学教研室（1959）《语言学基础》，高等教育出版社，北京。

北京师范大学中文系编写组（1972）《多义词、同义词、反义词》，人民出版社，北京。

陈炳迢（1991）《辞书编纂学概论》，复旦大学出版社，上海。

符淮青（1985）《现代汉语词汇》，北京大学出版社，北京。

符淮青（1996）《词义的分析和描写》，语文出版社，北京。

高名凯（1955）《普通语言学》，东方书店，上海。

高名凯（1963）《语言论》，科学出版社，北京。

高庆赐（1957）《同义词和反义词》，新知识出版社，上海。

高文达、王立廷（1980）《词汇知识》，山东人民出版社，济南。

葛本仪（1985）《汉语词汇研究》，山东教育出版社，济南。

葛本仪（1997）《汉语词汇论》，山东大学出版社，济南。
葛本仪（2001）《现代汉语词汇学》（修订版），山东人民出版社，济南。
胡明扬，谢自立，梁式中，郭成韬，李大忠（1982）《词典学概论》，中国人民大学出版社，北京。
黄伯荣，廖序东（1997）《现代汉语》（上、下册），高等教育出版社，北京。
黄建华（2001）《词典论》（修订版），上海辞书出版社，上海。
黄金贵（2002）《古汉语同义词辨释论》，上海古籍出版社，上海。
贾彦德（1999）《汉语语义学》，北京大学出版社，北京。
蒋绍愚（1989）《古汉语词汇纲要》，北京大学出版社，北京。
李尔钢（2002）《现代辞典学》，汉语大词典出版社，上海。
林杏光（1999）《词汇语义和计算语言学》，语文出版社，北京。
刘叔新（1987）《现代汉语同义词词典》，天津人民出版社，天津。
刘叔新（1990）《汉语描写词汇学》，商务印书馆，北京。
刘叔新（1994）《词汇学和词典学问题研究》，天津人民出版社，天津。
刘叔新，周荐（1992）《同义词语和反义词语》，商务印书馆，北京。
陆善采（1993）《实用汉语语义学》，学林出版社，上海。
罗竹风主编（1990）《汉语大词典》（第六卷），汉语大词典出版社，上海。
石安石（1994）《语义研究》，语文出版社，北京。
苏宝荣（2000）《词义研究与辞书释义》，商务印书馆，北京。
苏蛰，田振山（1984）《同义词与反义词》，内蒙古人民出版社，呼和浩特。
孙常叙（1956）《汉语词汇》，吉林人民出版社，长春。
孙玄常，陈方（1965）《多义词·同义词·反义词》，北京出版社，北京。
陶原珂（2004）《词位与释义》，高等教育出版社，北京。
汪榕培（1997）《英语词汇学教程》，上海外语教育出版社，上海。
王宁（1996）《训诂学原理》，中国国际广播出版社，北京。
伍铁平（1993）《普通语言学概要》，高等教育出版社，北京。
武占坤（1983）《词汇》，上海教育出版社，上海。
谢文庆（1985）《同义词》，湖北教育出版社，武汉。
许威汉（1992）《汉语词汇学引论》，商务印书馆，北京。
杨书忠（1972）《多义词 同义词 反义词》，北京出版社，北京。
雍和明（2003）《交际词典学》，上海外语教育出版社，上海。
张静，蒋荫枬（1988）《词和词汇》，东北师范大学出版社，长春。
张清源（1994）《同义词词典》，四川人民出版社，成都。
张永言（1982）《词汇学简论》，华中工学院出版社，武昌。
张志毅，张庆云（2005a）《新华同义词词典》，商务印书馆，北京。
张志毅，张庆云（2005b）《词汇语义学》（修订本），商务印书馆，北京。

章宜华，雍和明（2007）《当代词典学》，商务印书馆，北京。
赵振铎（1998）《辞书学纲要》，四川辞书出版社，成都。
赵振铎（2001）《字典论》，上海辞书出版社，上海。
郑万泽，陈士彪（2001）《同义词反义词例释词典》，上海教育出版社，上海。
中国社会科学院语言研究所词典编辑室（2012）《现代汉语词典》（第6版），商务印书馆，北京。
朱景松（2009）《现代汉语同义词词典》，语文出版社，北京。

论文

常敬宇（1979）浅谈现代汉语同义词的性质和范围，《语言教学与研究》，第4集，26–33页。
陈绂（2006）从"有名"与"知名"谈辨析同义词的角度，《世界汉语教学》，第3期，57–62页。
陈桂成（2003）同义词群是开放性的动态结构，《辞书研究》，第4期，33–36页。
陈满华（1994）词义之间的关系与同义词、反义词的构成，《汉语学习》，第2期，32–36页。
陈霞村（2004）《现代汉语词典》释义方法简析，《聚焦〈现汉〉：〈现代汉语词典〉评校》，1–14页，吉林文史出版社，长春。
程琪龙（2003）领属框架及其语法体现，《外语与外语教学》，第4期，1–4页。
程荣（1996）语词词典的编纂与现代汉语规范化，《语言文字应用》，第2期，79–83页。
程荣（2001）辞书单音词和单音语素与同义复音词的注释问题，《字·词·词典》，108–125页，上海辞书出版社，上海。
池昌海（1998）五十年汉语同义词研究焦点概述，《杭州大学学报》（哲学社会科学版），第2期，59–64页。
池昌海（1999）对汉语同义词研究重要分歧的再认识，《浙江师范大学学报》（人文社会科学版），第1期，77–84页。
崔希亮（2002）认知语言学：研究范围和研究方法，《语言教学与研究》，第5期，1–11页。
丁树德（2003）翻译教学中的学生心理障碍与认知框架，《上海科技翻译》，第3期，49–51页。
董性茂（1997）同义词的本质特征及比较方法，《福建师大福清分校学报》，第3期，51–55页。
冯志伟（2006）从格语法到框架网络，《解放军外国语学院学报》，第3期，1–9页。
符淮青（1992）词的释义方式剖析（一）（二），《辞书研究》，第1、2期，20–29

页；49 – 56 页。

符淮青（2000）同义词研究的几个问题，《中国语文》，第 3 期，221 – 227 页。

符淮青（2002）指号义的性质和释义，《辞书研究》，第 5 期，1 – 10 页。

高庆赐（1956）同义词研究的主要对象，《语文知识》12 月号，1 – 3 页。

葛本仪（2003）再论同义词，《文史哲》，第 1 期，108 – 111 页。

瓅　一（1953）谈同义词，《语文学习》8 月号，26 – 30 页。

韩敬体（1981）同义词语及其注释，《辞书研究》，第 3 期，42 – 53 页。

韩敬体（2004）论规范性词典释义的一般原则，《〈现代汉语词典〉编纂学术论文集》，301 – 322 页，商务印书馆，北京。

洪梦湘（1957）同义词的差别，《语文学习》7 月号，28 – 29 页。

君　朴（1956）同义词和非同义词，《语文学习》2 月号，37 页。

李尔钢（2003）论附设语境式释义，《辞书的修订与创新》，45 – 54 页，商务印书馆，北京。

李勇忠，李春华（2004）框架转换与意义建构，《外语学刊》，第 3 期，24 – 29 页。

李月平（2009）从认知框架视角探讨外语词汇的国俗语义教学，《外语界》，第 2 期，92 – 96 页。

刘冠群（1957）关于同义词的两个问题，《语文学习》7 月号，26 – 28 页。

刘宁生（1989）论词的同义关系，《南京师范大学学报》，第 2 期，64 – 69 页。

刘　萍，陈　烨（2012）词汇相似度研究进展综述，《现代图书情报技术》，第 7/8 期，82 – 89 页。

刘庆隆（2004）谈谈《现代汉语词典》的注释形式，《〈现代汉语词典〉编纂学术论文集》，商务印书馆，北京。

刘叔新（1964）论词汇体系问题——与黄景欣同志商榷，《中国语文》，第 3 期，203 – 213 页。

刘叔新（1979）词性和词的释义，《天津师院学报》，第 2 期，73 – 77 页。

刘叔新（1982）论同义词词典的编纂原则，《辞书研究》，第 1 期，55 – 65 页。

刘叔新（1984）略谈现代汉语同义词的特点，《汉语学习》，第 3 期，26 – 35 页。

陆宗达，王　宁（1980）"因声求义"论，《辽宁师范大学学报》（社会科学版），第 6 期，1 – 10 页。

陆宗达，王　宁（1984）从"武"的本义谈因字形求本义的原则，《辞书研究》，第 5 期，64 – 88 页。

吕叔湘（1958/2004）《现代汉语词典》编写细则（修订稿），《〈现代汉语词典〉五十年》，79 – 136 页，商务印书馆，北京。

马洪海（2008）《汉语交易域框架语义系统研究》，博士论文，上海师范大学。

马伟林（2007）框架理论与意义识解，《外语与外语教学》，第 10 期，18 – 21 页。

梅立崇（1988a）试论同义词的性质和范围，《语言教学与研究》，第 2 期，109 –

116页。

梅立崇（1988b）同义词词典编纂散论，《世界汉语教学》，第2期，87–92页。

潘艳艳（2003）框架语义学：理论与应用，《外语研究》，第5期，14–18+80页。

石安石（1961）关于词义和概念，《中国语文》8月号，35–38页。

石　毅（2002）成分分析法与词义对比，《中央民族大学学报》（哲学社会科学版），第5期，135–139页。

石毓智（1992）同义词和反义词的区别和联系，《汉语学习》，第1期，28–34页。

宋明亮（1994）《报纸文献机助自由标引研究及对后控制词表动态维护的思维》，硕士论文，空军政治学院。

孙良明（1958）同义词的性质和范围，《语文学习》3月号，11–12页。

孙汝建（1982）同义词说略，《语言文学》，第2期，26–28页。

陶明忠（2007）《汉语框架网络身体域框架语义研究》，博士论文，上海师范大学。

陶明忠，马玉蕾（2007）框架网络与汉语信息处理，《语言文字应用》，第4期，120–128页。

陶明忠，马玉蕾（2008）框架语义学——格语法的第三阶段，《当代语言学》，第1期，35–42页。

汪耀楠，祝注先（1982）大型语文词典释义的特点和要求，《辞书研究》，第3期，27–34页。

王洪君（2010）从两个同级义场代表单字的搭配异同看语义特征和语义层级——以"锅"和"碗"为例，《世界汉语教学》，第2期，147–157页。

王理嘉，侯学超（1963）怎样确定同义词，《语言学论丛》，第五辑，232–249页，商务印书馆，北京。

王　力（1945/1990）理想的字典，《王力文集》第十九卷，37–77页，山东教育出版社，济南。

王了一（1953）同义词、新名词、简称〔语文知识〕（五），《语文学习》8月号，31–36页。

王　宁（1989）论形训与声训——兼谈字与词、义与训在实践中的区分，《北京师范大学学报》，第4期，37–42页。

王　宁（2002）单语词典释义的性质与训诂释义方式的继承，《中国语文》，第4期，310–316页。

王　宁（2006）谈中国语言学研究的自主创新，《南开语言学刊》，第2期，1–9页。

王　宁（2008）论辞书的原创性及其认定原则——兼论《现代汉语词典》的原创性和原创点，《辞书研究》，第1期，1–13+47页。

王　宁（2011）论词的语言意义的特性，《北京师范大学学报》（社会科学版），第2期，35–42页。

王　源，吴晓滨，涂从文，刘　滨等（1993）后控规范的计算机处理，《现代图书情报技术》，第 2 期，4 – 7 页。
魏东波（2006）认知语言学框架中语义研究反思，《外语学刊》，第 5 期，68 – 70 页。
魏建功（1956）同义词和反义词，《语文学习》9 月号，17 – 19 页；10 月号，39 – 41 页。
吴志杰，王育平（2006）框架语义理论探索，《南京社会科学》，第 8 期，142 – 147 页。
吴志强（1999）《经济信息检索后控制词表的研制》，硕士论文，南京农业大学。
伍占崑（1956）交叉同义词及其特点，《语文知识》12 月号，3 – 4 页。
谢文庆（1982）现代汉语同义词的类型，《语言教学与研究》，第 2 期，72 – 81 页。
邢公畹（1991）论同义词的研究——《同义词语的研究》序，《语言教学与研究》，第 2 期，129 – 133 页。
徐　峰（1998）"交互动词配价研究"补议，《语言研究》，第 2 期，48 – 52 页。
徐正考（2003）古汉语专书同义词的研究方法与原则问题，《吉林大学社会科学学报》，第 4 期，91 – 95 页。
许晓华（2008）谈对外汉语教学中对于具有相同语素的同义组的辨析——以 HSK 甲乙级动词同义组为例，《语文学刊》，第 10 期，135 – 138 页。
由丽萍（2006）《构建现代汉语框架语义知识库技术研究》，博士论文，上海师范大学。
由丽萍，范开泰，刘开瑛（2005）汉语语义分析模型研究述评，《中文信息学报》，第 6 期，59 – 65 页。
由丽萍，杨　翠（2007）汉语框架语义知识库概述，《电脑开发与应用》，第 6 期，2 – 4 + 7 页。
袁毓林（2007）语义角色的精细等级及其在信息处理中的应用，《中文信息学报》，第 4 期，10 – 20 页。
查贵庭（2000）《经济新闻自动标引系统的研究》，硕士论文，南京农业大学。
张　博（2004a）本义、词源义考释对于同义词教学的意义，《汉语口语与书面语教学——2002 年国际汉语教学学术研讨会论文集》，179 – 187 页，北京大学出版社，北京。
张　博（2004b）现代汉语同形同音词与多义词的区分原则和方法，《语言教学与研究》，第 4 期，36 – 45 页。
张　弓（1964）现代汉语同义词的几个问题，《河北大学学报》，第 5 期，47 – 71 页。
张建理（2000）词义场·语义场·语义框架，《浙江大学学报》（人社版），第 6 期，112 – 117 页。

张履祥（1984）词典对同义词中细微义别的处理，《辞书研究》，第6期，68-74+144页。

张谊生（1997）交互动词的配价研究，《语言研究》，第1期，15-30页。

张在德（1983）语文性辞书中的"描写和说明式"，《词典研究丛刊》，第5辑，83页。

张占山（2006）《语义角色视角下的谓词同义词辨析》，博士论文，厦门大学。

张志毅（1958）同义词在语法上的一些区别，《语文学习》12月号，36页。

张志毅（1965）确定同义词的几个基本观点，《吉林师大学报》，第1期，62-80页。

张志毅（1980）同义词词典编纂法的几个问题，《中国语文》，第5期，353-362页。

章成志（2004）词语的语义相似度计算及其应用研究，《NCIRCS 2004第一届全国信息检索与内容安全学术会议论文集》。

章宜华（2001）西方词典释义类型和释义结构研究，《中国辞书论集·2000》，57-68页，中国大百科全书出版社，北京。

章宜华，黄建华（2000）当代词典释义研究的新趋势——意义理论在词典释义中的应用研究，《中国辞书论集·1999》，63-76页，上海辞书出版社，上海。

钟 俊，张 丽（2013）框架语义学在中国：评介、应用与展望，《西华大学学报》（哲学社会科学版），第5期，59-63页。

钟守满（2001）语义框架、场及其相互关系，《外语与外语教学》，第11期，1-3页。

周领顺（2008）《汉语移动域框架语义系统研究》，博士论文，上海师范大学。

周领顺（2008）施受组配变化与框架元素的颗粒度，《外语教学》，第1期，12-17页。

周玉琨（2002）试谈同义词和近义词的区分，《内蒙古大学学报》，第5期，64-67页。

周祖谟（1956）同音词、同义词和反义词〔汉语词汇讲话〕（八），《语文学习》2月号，38-40页。

朱毅华（2001）《智能搜索引擎中同义词识别算法的研究》，硕士论文，南京农业大学。

朱永生（2005）框架理论对语境动态研究的启示，《外语与外语教学》，第2期，1-4页。

祝注先（2006a）试说"释文"，《辞书评论集》，26-33页，崇文书局，武汉。

祝注先（2006b）词语解释的一般方式和方法，《辞书评论集》，34-39页，崇文书局，武汉。